GENTE NUTRITIVA

CÓMO SON LAS PERSONAS
QUE SANAN Y MOTIVAN NUESTRA VIDA
Y CÓMO SER UNA DE ELLAS

BERNARDO STAMATEAS

GENTE NUTRITIVA

CÓMO SON LAS PERSONAS
QUE SANAN Y MOTIVAN NUESTRA VIDA
Y CÓMO SER UNA DE ELLAS

BERNARDO STAMATEAS

VERGARA

Penguin
Random House
Grupo Editorial

Primera edición: febrero de 2022

© 2021, Bernardo Stamateas
© 2021, Penguin Random House Grupo Editorial, S.A.
Humberto I 555, Buenos Aires
© 2021, Penguin Random House Grupo Editorial USA, LLC
8950 SW 74th Court, Suite 2010
Miami, FL 33156

penguinlibros.com

ISBN: 978-1-64473-550-3

Impreso en México - *Printed in Mexico*

22 23 24 25 26   10 9 8 7 6 5 4 3 2 1

Índice

Capítulo 1
El vínculo lo es todo

Vínculos conflictivos

En la época posmoderna que estamos transitando, el tema de los vínculos conflictivos está en auge: problemas en las relaciones de pareja, de amigos, laborales, familiares; situaciones que ocasionan dificultades y luchas. Sin embargo, debemos mencionar que tener conflictos es normal; estos son la expresión de la tensión. Cuando hay tensión acumulada, el conflicto permite el drenaje, la expresividad y la exteriorización de dicha tensión. Por eso, podemos decir que "es normal discutir". Lo importante es no hacer de esto un problema.

¿Por qué se originan tantos conflictos en los vínculos?

a) *Porque, para poder llevarnos bien y discutir sanamente, hace falta tiempo*

¿Qué hacen parejas, amigos, jefes y empleados? En cinco minutos buscan ponerse de acuerdo sobre muchos temas. La mujer le comenta a su esposo: "Los chicos están mal en el colegio", y él responde: "Vives para ellos, ya no me miras". "Sí, pero tu madre siempre interviene en todos nuestros problemas", agrega ella... En cinco o diez minutos, pretendemos solucionar todos los temas. ¿Por qué? Porque hay que hablarlo ya, no hay capacidad de procesamiento. Pareciera que no hay más tiempo, la sensación de urgencia es permanente. Vivir en el "ahora", en el "ya mismo", en el "disfrutar ahora" hace que vivamos corriendo. Esto explica por qué hay tantos trastornos de ansiedad, ataques de pánico y conflictos vinculares. No hay tiempo; el futuro no importa.

En la época posmoderna, el tiempo no existe; se murió. No hay pasado ni futuro, solo existe el hoy, pasarlo bien ahora. Ese "ahora" borró el futuro y el pasado, por eso, muchas personas no son capaces de planificar; no se detienen a mirar hacia adelante; no imaginan trazar un plan laboral o de estudio. El mañana no existe para ellos. El discurso de nuestra era es: "Lo importante es que seas feliz hoy"; sin embargo, se trata de un discurso falso porque existe un hoy, pero también hay un mañana.

En la época moderna (proceso de transformación cultural de la modernidad a partir de la década de 1970, y especialmente 1980) había pasado, presente y futuro. Esto es muy importante, ya que nosotros teníamos que trabajar, estudiar y armar proyectos; mirábamos hacia adelante porque había que construir. "¿Qué quieres ser cuando seas grande?", nos preguntaban a menudo. "Quiero estudiar o quiero trabajar". Hoy ya no es así. Entonces, necesitamos desacelerar y recuperar el futuro, disfrutando el ahora y tendiendo un puente con el mañana. Para ello necesitamos "tiempo". Para tratar un tema a la vez, necesitamos "tiempo". No podemos resolver todo junto. No tratemos los problemas a solucionar en pocos minutos mientras tomamos el café o abrimos la puerta de casa para ir a la oficina. Si vamos a plantear una cuestión, asegurémonos de contar con tiempo suficiente.

> *Los momentos más felices que mi corazón conoce son aquellos en que derrama su afecto sobre unas cuantas personas estimadas.*
> **Thomas Jefferson**

b) Porque no somos autorreferenciales

Cuando yo hablo de lo que me sucede a mí, esta capacidad de autorreferencia produce un mejoramiento de los vínculos: "Me pasa esto; yo necesito; yo quiero".

c) Porque buscamos el poder

Muchas discusiones son el resultado de "luchas de poder". Las peleas constantes, en el fondo, no son una manifestación de los temas que se discuten, sino de quién tiene el poder y decide la escena. Cada uno trata de imponerle al otro su manera de ver las situaciones. Más importante que "sobre qué" discutimos es "cómo" lo hacemos; si lo hacemos desde la crítica, la descalificación y la agresión, con el tiempo traerá un gran deterioro en la relación. ¿Qué sucede cuando no se alcanza el consenso? Pueden suceder dos cosas: que uno se someta al otro con una gran acumulación de enojo o que el conflicto se prolongue en el tiempo. Si surgen rencillas en el vínculo por cualquier motivo, ya sea grande o pequeño, la consecuencia será un desgaste lento y seguro en la relación.

Cuando alguien expresa: "estoy en contra", "no estoy de acuerdo", seguramente, su intención no sea dialogar y llegar a un acuerdo, sino imponer su decisión u opinión. Cuando a mí me formulan una pregunta, respondo: "¿Me lo preguntas porque quieres aprender o tú ya lo sabes y solo quieres discutir conmigo?". Si la respuesta es "Yo ya lo sé", diré: "Entonces, si ya lo sabes, quédate con tu opinión, ¿para qué necesitas saber la mía?". Distinto es cuando yo tengo una opinión, pero me interesa escuchar al otro, ya que el conocimiento se construye en equipo. Las diferentes perspectivas siempre nos enriquecen.

William L. Ury cita en su libro *Supere el No* la frase "subir al balcón", como una metáfora que significa "dar un paso atrás para ver las cosas con cierta perspectiva", y agrega: "Todos conocemos ejemplos de personas que aceptan un empleo o establecen unas relaciones personales, y al no entenderse con el jefe o con su pareja, deciden abandonar el campo de juego sin buscar una segunda oportunidad. Lo que sucede casi siempre es que interpretan mal el comportamiento de la otra persona y no tratan de buscar una solución. La persona que prefiere romper una y otra vez sus relaciones no llega a ninguna parte, porque siempre está comenzando de cero".[1]

Comparto a continuación tres ideas para pensar juntos la cuestión de las discusiones constantes por el poder:

- **1.** Tomar distancia para ver el conflicto muchas veces resulta inútil. ¿Por qué? Porque la discusión no es válida, ya que no es por el tema que creemos que es. La verdadera razón no la vemos y esa situación infructuosa se puede prolongar en el tiempo. En cambio, cuando nos flexibilizamos y logramos ver el verdadero problema, ya tenemos la mitad de la solución.

- **2.** Pensar que lo que está en juego aquí no es el tema en cuestión. Es el poder que, claramente, niegan las personas en ese vínculo, por creer que se trata de algo

> *No estoy interesado en el poder por el bien del poder, pero estoy interesado en el poder que es moral, que es correcto y que es bueno.*
>
> **Martin Luther King Jr.**

más. Lo aconsejable es repensar cuál es el modelo de poder en esa relación. ¿Es democrático? ¿Es de consenso? ¿Es de distribución de roles? ¿O es de supremacía del uno sobre el otro? El sometimiento siempre genera resentimiento.

---

1 Ury, William L. (1993). *Supere el No*. Editorial Norma.

• **3.** Necesitamos recordar que en todo vínculo existe un dinamismo. Hay acuerdos permanentes porque los que forman parte de este crecen y cambian con el transcurso del tiempo. En consecuencia, nunca es un argumento válido decir que "siempre lo hicimos así".

d) Porque no planteamos los límites de la discusión

Es sumamente importante que en nuestros vínculos más cercanos (pareja, hijos, padres) se establezcan pautas en caso de una discusión. Por ejemplo, determinar "cero agresión verbal" y poner un freno a la descarga de agresión. Si lo que se busca es agredir al otro, entonces no estamos intentando alcanzar la resolución del conflicto. Si intentamos fijar el límite cuando el conflicto ya se ha generado, habremos llegado tarde.

e) Porque adivinamos y no preguntamos

La clave en todo vínculo sano es preguntar más y adivinar menos. Afirmar menos y preguntar más. En el libro *Yo no peleo, tú no peleas*, Alejandra Stamateas explica: "Cuando vivimos de suposiciones, perdemos el tiempo y las fuerzas, y empezamos a guardar rencor. Entonces nos ponemos a la defensiva: ensayamos venganzas y posibles respuestas frente a lo que el otro nos pueda hacer o decir. ¡Pero todavía nadie ha hecho o dicho nada! Necesitamos achicar nuestro ego, pues no todo empieza ni termina en nosotros. Las cosas pueden seguir funcionando, aunque nos quitemos de escena. De hecho, el mundo seguirá girando cuando tú y yo ya no estemos aquí".[2] Muchas parejas suelen comentar: "¡Ay, qué cara que tienes! ¿Estás enojado? ¿Estás molesta? ¿Por qué no me hablas? Te estoy aburriendo, ¿no?" Dejemos de adivinar y animémonos a preguntar.

Una relación sana se construye. No esperemos a estar mal para hablar. Abramos distintos canales de comunicación a diario, tanto con nuestra pareja como con nuestros hijos. Hagamos preguntas para interiorizarnos sobre cómo están, busquemos la oportunidad para crear y compartir momentos de disfrute. Y, cuando haya una cuestión a resolver, recordemos que tenemos temas en común sobre los que estamos de acuerdo, para que la solución a ese conflicto parta de una construcción positiva y de todo aquello que nos une.

Desarmemos *el circuito del correcaminos y el coyote*: uno se acerca y el otro se aleja; uno pregunta y el otro hace silencio; más lo busco, más se aleja; más se aleja, más lo busco. En las charlas que tengamos, hablemos de lo que nos gusta, de viajes, de música, etc. Cuando estamos con el otro, tenemos que construir el vínculo comunicacional. No esperemos resolver toda nuestra vida en minutos. Construyamos un diálogo constante

2 Stamateas, Alejandra (2021). *Yo no peleo, tú no peleas*. Vergara

y utilicemos todas las vías de comunicación a nuestra disposición.

Los roces diarios de los vínculos

Los conflictos son parte de la vida. Lo importante no es no experimentarlos, sino saber cómo resolver esos roces ocasionales del diario vivir y utilizarlos en forma nutritiva. Somos distintos y eso nos lleva a tener roces. Pero deberían ser ocasionales o circunstanciales y no afectar el vínculo. Por ejemplo, cuando le decimos a alguien: "No me gusta este aspecto de tu carácter". Uno es cerrado y el otro es expansivo; uno es tímido y el otro es expresivo. Algunas personas se enojan y al tiempo se olvidan, mientras que a otras les dura el enojo. Este tipo de roces nos permite ser flexibles y negociar con el otro, sabiendo que el vínculo es más importante que las discrepancias por la manera de ser. De esta forma, puede surgir la reconciliación: una nueva construcción entre ambos, un reencuentro, una relación renovada.

Hay personas que son como la caña: cuando aparecen las diferencias, se quiebran. Y otras que son como la rama: se doblan y son capaces de pensar desde el punto de vista del otro. Estas últimas tienen una dosis importante de empatía que les brinda flexibilidad. Busquemos siempre la plasticidad. Supongamos que un padre quiere criar a su hijo adolescente como

lo criaron a él cuando tenía la misma edad. Es muy probable que tenga grandes conflictos en su crianza. Flexibilidad es sinónimo de "disminución de prejuicios y aumento de empatía".
Es la capacidad de saber que no todo en la vida es blanco o negro, frío o caliente, sino que hay grises, cálidos o templados.

> *Coherencia y flexibilidad, la clave de todo crecimiento personal: intenta ser consecuente, pero abierto al cambio.*
>
> **Walter Riso**

Mejoramos nuestros vínculos cuando podemos expresar, en tono amable y tranquilo, aquello que nos disgusta o nos genera molestia con el otro. No se trata de una lucha de poder ("yo tengo razón y tú no"), sino de construir juntos una mejor alternativa para llevarnos bien. Cuando dos personas discuten por un tema determinado y luego no se hablan nunca más, ese vínculo no tenía bases sólidas. Dos amigos pueden discutir sobre cualquier tema y conservarán su amistad porque el vínculo es más fuerte que el contenido de la discusión. Cuando una persona tiene un malestar con alguien y, en lugar de ir a hablarlo con la fuente, lo expone en las redes sociales y se lo cuenta a otros, en realidad, su enojo ha crecido. El camino que ha tomado no solo no resuelve la cuestión, sino que tampoco lo libera de la frustración que siente.

Muchas veces los roces ocasionales se deben a expectativas que tenemos con respecto al otro: "Esperaba que me llamaras, que me ayudaras, que me acompañaras". Al no cumplirse eso, nos sentimos defraudados y desilusionados. Pero siempre es la palabra, nuestra capacidad de hablar, el acto amoroso, lo que nos permite reconciliarnos y construir, a partir de esa diferencia, un vínculo mejor.

> *Cuando las palabras están bien escogidas son abreviaciones de frases; las palabras son los cuerpos y el vínculo exterior de los pensamientos. Las palabras son sitios transparentes y los únicos espejos en los que pueden ser visibles nuestros pensamientos.*
> **Joseph Joubert**

Seamos investigadores privados de nuestra propia conducta. ¿Por qué difundo por las redes tal comentario sobre alguien? ¿Por qué hablo así de tal persona? ¿Qué aspectos míos (mis sombras) está activando esta persona? Cuando uno hace introspección (a mi entender, uno de los rasgos más importantes de la salud mental), en lugar de acusar, criticar o descalificar, usa lo que siente y piensa en pos de su crecimiento. Y, cuando crecemos y colocamos el eje en nosotros mismos, logramos enfocarnos en nuestro propio proyecto y romper nuestro propio récord.

Todos los seres humanos poseemos un anverso y un reverso: somos emocionales y racionales, dependientes e independientes, extrovertidos e introvertidos. Lo ideal es mantener todo en balance, aunque un rasgo predomine más que otro.

Vínculos que nutren

Hay personas que nos sanan con sus actitudes. Producen alegría, plenitud, y nos nivelan "hacia arriba". Todos nosotros nacemos listos para la conexión con los demás. El vínculo lo es todo. ¡Necesitamos de los demás! Es verdad que hay gente tóxica que nivela "hacia abajo", pero en esta parte del capítulo compartiré cómo son aquellos que añaden valor a nuestras vidas.

Lo cierto es que todos los seres humanos nacemos diseñados para conectarnos con los demás. Por esa razón, y a pesar de tantos aspectos que nos separan, podemos afirmar que el vínculo lo es todo. Lo hemos comprobado durante el tiempo en el que, por razones sanitarias, debimos dejar de relacionarnos como solíamos hacerlo. Ya sea que lo creamos o no, todos necesitamos de alguien. Suelo referirme en mis escritos y conferencias a las características de las personas tóxicas, que sin duda abundan, pero quiero compartir aquí tres rasgos de una relación interpersonal sana que añade valor a nuestra vida. Cuando hay una relación sana con el otro, suceden varias cosas:

> *Por muchas riquezas que un hombre posea y por grandes que sean la salud y las comodidades de las que disfrute, no se siente satisfecho si no cuenta con la estimación de los demás.*
>
> **Blaise Pascal**

a) Las palabras tienen otro peso

Puede ocurrir que una persona sea experta en ciertos temas y tenga grandes conocimientos pero, aun así, sus dichos o consejos no sean funcionales porque el vínculo que establece con los otros es débil o malo. Pensemos en un amigo que le dice a otro: "Me parece que sería bueno hacer tal cosa", y quien recibe el consejo lo sigue al pie de la letra. Posteriormente, otro amigo le sugiere: "Yo te había dicho lo mismo". La pregunta es: ¿por qué el consejo de un amigo le sirvió y el del otro amigo, no? *Porque el vínculo determina el poder de las palabras.* Por lo general, las personas no toman en cuenta las sugerencias de quienes les caen mal.

b) Produce salud interior

Un vínculo sano nos restaura de los malos vínculos del pasado. Los terapeutas sabemos que el vínculo es clave como predictor de la eficacia psicológica en la terapia. Sabemos que podemos contar con una técnica, pero sin vínculo esta no funcionará. Entre todas las corrientes psicológicas, se descubrió que aquello que resulta eficaz en una terapia depende de cómo sea el vínculo entre el profesional y el paciente. Yo puedo tener una buena técnica, por ejemplo, en psicología, pero lo más importante siempre es el vínculo.

> **Las palabras que pronuncias se convierten en la casa en la que vives.**
>
> **Hafiz**

Seguramente recuerdas a ese amigo, ese abuelo o ese papá cuyas palabras o acciones generaron en ti alegría. Y, al recordarlo, dices: "Me hizo bien". Todos hemos vivido esa experiencia.

c) La gente nutritiva hace mucho más que desplegar el "protocolo" o la "amabilidad" en el trato.

Una cosa es comportarse de manera respetuosa con otros y dar las gracias, saludar, pedir permiso, etc. Todo eso es muy bueno. Pero otra cosa distinta es construir un apego seguro, un vínculo sanador. La calidad del vínculo va más allá de simplemente "ser respetuoso". Entonces, recordemos que tener conflictos es normal, pero la agresión no sirve en absoluto. Cuando uno está muy enojado o el otro es quien lo está, lo mejor es posponer el conflicto, dejar pasar una hora o dos y decir: "Después lo hablamos". Aprender a escuchar a los demás también hará que otros nos devuelvan su escucha.

Para poder hacer buenas elecciones a la hora de relacionarnos, es importante trabajar en nuestro mundo interior, conocernos, aceptarnos tal como somos y amarnos saludablemente. Solo así seremos capaces de armar vínculos sanos y simétricos, donde "yo te cuido y tú me cuidas; yo te ayudo y tú me ayudas; yo te doy y recibo de ti". Esta forma de actuar nos permite disfrutar de relaciones sólidas y estables con ellos. Todos los seres humanos anhelamos crecer y avanzar en la vida. Para lograrlo, debemos rodearnos de personas que sumen y no resten. ¿Sabías que todos, con el paso de los años, nos terminamos pareciendo a las personas con las que pasamos más tiempo? De modo que, si tenemos la compañía frecuente de quejosos, críticos o peleadores, tarde o temprano, nos encontraremos actuando como ellos.

Procura, entonces, rodearte conscientemente de personas que te ayuden a alcanzar tu mejor versión. Ahora bien, para acercarnos a ese tipo de gente, tenemos que comenzar por modificar nuestra manera de pensar. ¿Le has prestado atención a lo que pasa por tu mente últimamente? Todos podemos desarrollar una mentalidad sana que nos permita escoger los mejores pensamientos. Suelo decir que son dos aspectos los que pueden ayudarnos a aumentar nuestra sabiduría y a elevarnos: los libros que leemos y las personas con las que interactuamos.

Te comparto la fábula del erizo...

Durante la Edad de Hielo, muchos animales murieron a causa del frío. Los erizos, dándose cuenta de la situación, decidieron unirse en grupos. De ese modo se abrigarían y protegerían entre sí, pero las espinas de cada uno herían a los compañeros más cercanos, justo los que ofrecían más calor. Por lo tanto, decidieron alejarse unos de otros y empezaron a morir congelados. Así que tuvieron que elegir: aceptaban las espinas de sus compañeros o desaparecían de la Tierra. Con sabiduría, decidieron volver a estar juntos. De esa forma aprendieron a convivir con las pequeñas heridas que la relación con una persona muy cercana puede ocasionar, ya que lo más importante es el calor del otro. Como resultado, lograron sobrevivir.[3]

Uno puede estar a pocos metros de distancia física de alguien, pero a kilómetros de distancia afectiva. Los manipuladores aíslan a sus víctimas, puesto que saben que dicha actitud desorganiza internamente incluso al

---

3 https://elartedevivirenplenitud.es/la-fabula-del-erizo/

más fuerte. Veamos cómo actúan las personas que nos sanan y qué podemos hacer nosotros para llevar salud a nuestros vínculos.

¿Me acompañas?

CAPÍTULO 2
Un apego nutritivo

El apego de cada día

Todos tenemos relaciones afectivas. Somos seres sociales, por lo cual necesitamos tocar a alguien, ver a alguien, hablar con alguien. Pero no somos nuestras relaciones. Dios nos creó como seres gregarios para relacionarnos unos con otros. Las personas con las que nos relacionamos para construir intimidad se denominan "figuras de apego". Todos precisamos un puñado de ellas. A todos los seres humanos, al nacer, una mano nos tomó (puede ser la del médico, la de papá o la de una enfermera) y nos colocó en el pecho de mamá. Entonces mamá empezó a ser nuestra figura de apego, que es la unión que tuvimos con ella, con papá y con otras personas importantes, pero especialmente con nuestros padres.

Esa relación cercana, especial, íntima, es la que nos marcó. La relación con mamá y papá construyó un molde o un modelo de cómo serían, más adelante, todas nuestras otras relaciones con el resto del mundo. El apego es el vínculo primario que establecemos con nuestros cuidadores o referentes principales cuando somos pequeños y sienta las "bases relacionales" sobre las que nos hemos de vincular en el futuro. *El apego seguro es la confianza que uno tiene basada en la seguridad de que alguien "está ahí para mí y puedo contar con ella o él".*

Te invito a detenerte a pensar por un instante en tu infancia.

¿A quién te dirigías cuando estabas angustiado, enfermo o cansado?
¿Por quién te sentías mejor comprendido?
¿Qué te resultaba divertido, emocionante, alegre?
¿Qué sientes ahora respecto de todo lo anterior?

El apego primero marca el modelo de nuestras relaciones futuras: yo me relaciono con mis hijos, con mi pareja, con mis amigos, e incluso con los desconocidos, a partir de cómo fue mi vínculo de apego con mamá y papá. Las figuras de apego no son solamente los padres; hoy, pueden ser un amigo, una amiga, un maestro o un jefe.

Si yo te preguntara hipotéticamente: "Ante un accidente en el que saliste ileso, ¿quién es la primera persona a la que llamarías para contarle?", ¿cuál sería tu respuesta? Esa persona que llamarías es tu figura de apego.

¿A qué amigo o amiga llamarías para compartirle una alegría? Esa amistad es tu figura de apego. ¿A quién recurrirías si te sucediera algo malo o algo bueno? Cuando vives algo agradable, ¿a quién llamas para compartírselo: a un hijo, a un amigo, a un vecino? Esas son tus figuras de apego.

Resumiendo, cuando éramos pequeños, nuestros padres eran nuestras figuras de apego; a medida que fuimos creciendo, se fueron sumando amigos, compañeros, pareja, hijos, etc. Estas figuras nos llenan el corazón porque todos necesitamos relaciones de intimidad.

Todos necesitamos tener figuras de apego. La teoría del apego fue desarrollada por el psicoanalista británico John Bowlby durante los años 1969 a 1980. Describió el efecto que producen las experiencias tempranas con la primera figura vincular en el desarrollo del niño en su vínculo interpersonal. Relata el caso de una mamá que estaba con su bebé jugando en una sala de estudio y, en un momento dado, la mujer se fue. El niño lloró. A los pocos minutos, ella regresó a la habitación, lo abrazó y lo acarició. La criatura se calmó inmediatamente y siguió jugando. A eso se lo llama "apego seguro": mamá se va y lloro, pero, cuando ella regresa, me calmo y vuelvo a explorar el mundo.

Cuando uno tiene un apego seguro puede explorar el mundo. Ya no es un lugar peligroso porque tenemos una figura de apego incorporada dentro de nosotros. En este caso, la madre. Y también se van sumando las relaciones que tenemos con pocas

> **La confianza en la figura de apego es la base de una personalidad estable y segura.**
>
> **John Bowlby**

personas; tal vez tres, cuatro o cinco que son amigos, maestros, etc.

¿Cómo funciona alguien que tuvo una figura de apego seguro?

- Puede expresar sus miedos y opiniones frente a los demás y no teme comprometerse porque se siente seguro. Por ejemplo, si está con su pareja o con sus hijos, podrá compartirles sus temores y demostrarles cariño.

- Es alguien accesible y asertivo.

Beneficios de un apego sano

- Nos animamos a explorar el mundo, a soñar y a salir a conquistar nuestros proyectos.

- Lo reproducimos en nuestros hijos y ellos salen a buscar lo mismo que recibieron. Si un niño fue maltratado, es probable que salga a buscar maltrato; una persona que fue abandonada saldrá a buscar abandono. Pero quien recibió amor siempre sale a hallarlo. Una de las variables es reproducir lo que uno vivió y es el camino más frecuente. Muchas personas reproducen, casi como fotocopias, las conductas, el apego o los vínculos de su familia de origen.

- La relación que tenemos con nosotros mismos mejora. Es de paz, satisfacción y autocompasión.

- La relación que tenemos con los demás es saludable y brinda sanidad a otros. No solo mejoran nuestras relaciones interpersonales, sino, además, nuestra manera de relacionarnos sana a otros.

> *Cuando descubres que tú puedes ser el mejor FAN de ti mismo, abandonas el hábito de mendigar la aprobación de los demás.*
>
> **Rafael Vidac**

El apego evitativo

En otro experimento, una mamá se encuentra con su hijito jugando en una habitación. Cuando ella se va el niño no llora, sigue jugando. Cuando la madre regresa y lo saluda con un "Hola, mi amor", el niño no le presta atención y sigue ocupado; no lo afectó que la mamá se haya ido ni que haya vuelto. A este modelo de vínculo se lo llama "apego evitativo".

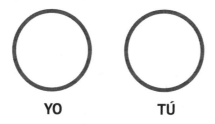

YO   **TÚ**

Yo no te molesto, tú no me molestes.

Es la forma en la que se vinculan las personas que no pueden comprometerse en una relación, abrir su corazón, compartir sus miedos, pedir ayuda y decir "te necesito". Son aquellos que expresan: "Yo soy independiente y no necesito de nadie". Son indiferentes, evitan la intimidad y toman distancia. No les gusta manifestar sus emociones y suelen pedir: "No me asfixies".

Estas son las frases predilectas de alguien con apego evitativo:

- **No me gusta hablar de mí.**
- **A la larga la gente te defrauda.**
- **No estoy listo para el compromiso.**
- **Necesito tiempo para mí.**
- **No me presiones.**
- **Te amo, pero cada uno en su casa.**
- **Yo puedo solo; no dependo de nadie.**

La persona se vuelve autónoma para no depender de nadie y se alegra de ser así. El "trastorno de apego evitativo adulto" tiene que ver también con el miedo a las emociones y a sentir. Por un lado, quiero amar y ser amado; pero, por el otro, no soy capaz de entregarme y soltar el control sobre mí mismo. La persona no se siente cómoda estando emocionalmente cerca de otra, incluso de su propia pareja. Eso no significa que no pueda amar o ser social. En una discusión se siente abrumado y se retira. El desapego es la "autonomía del aislamiento". Cuando hay miedo a la intimidad, la estima es baja. Para poder interactuar con personas con manifestaciones de apego evitativo deberíamos:

a. Darles tiempo

Se les puede decir: "En una hora, ¿te gustaría hablar o salir?". Es decir, no proponerles nada repentino, sino darles tiempo para la "transición" de un estado al otro. Esto se debe a que ellos se enfocan en un tema y se disocian del resto.

b. Tener pequeñas conexiones

Abrazarlos una vez por día, mirarlos a los ojos por unos segundos. Muy poco, y de a poco. Esto ayuda a que, lentamente, se vayan acercando emocionalmente.

c. Usar expresiones breves de afecto

Tales como: "Eres un regalo para mí", o: "Tú llenas mi corazón". Estas frases van derribando el miedo que hay en ellos. Como en la actividad de buceo, donde se desciende a las profundidades lentamente y se asciende de la misma manera.

d. Preguntarles qué necesitan

Así se los ayuda a expresar sus necesidades y a compartir con los demás.

El apego ansioso

En otro estudio realizado, cuando la mamá se va de la habitación, el bebé llora. Cuando ella vuelve a entrar, el niño continúa llorando. La mujer no lo puede calmar. La criatura llora, grita y le pega. Aunque la madre le muestra su juguete para conectar con él, el niño está enojado y lo manifiesta. Los investigadores caratulan esta actitud como "apego ansioso". Podríamos graficarlo así:

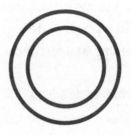

Estamos simbiotizados, pegoteados.

¿Qué es el apego ansioso?

Ahora nos relacionamos con nuestra pareja o con nuestros amigos y les decimos: "Te mandé un WhatsApp y no me respondiste, aunque aparece el visto. ¿Qué pasa que no me respondes? ¿Por qué no me contestas los mensajes? ¿Realmente me quieres?". Mucha gente desarrolla relaciones ansiosas con los demás, no solo con su pareja. En este tipo de apego, estoy inseguro y me pegoteo. Demando: "Te necesito... ¿Dónde estás?... ¿Me amas?... No te vayas... Ven, háblame". No logro hallar calma y me vuelvo muy dependiente del otro. Hay personas pegoteadas con su pareja, con sus hijos, con sus padres, con sus amigos. Dicen: "No me dejes... No me contestaste... Háblame, me siento mal... Me siento inseguro". De esta manera, no pueden explorar el mundo. Es como si mamá no hubiera podido terminar de calmarlos.

Ideas típicas de una persona con apego ansioso

- **Miedo al abandono.**
- **Búsqueda constante de atención.**
- **"No es suficiente, dame más."**
- **Apego preocupado: no logra calmarse en presencia del otro.**
- **Respuestas ambivalentes que alternan entre rabietas y la necesidad de apegarse aún más.**
- **Tendencia a aferrarse.**
- **Control.**
- **No soporta la espera o la falta de respuesta: "No me contestaste el mensaje... No me llamaste... ¿Por qué no me hablas?".**

Resumiendo, en un apego seguro, el bebé llora, pero, cuando regresa la madre, se calma y vuelve a jugar y a explorar el mundo. Pero, si el bebé llora aunque la mamá esté de vuelta y ella no lo puede tranquilizar (no se calma, aunque tiene a su figura de apego presente), estamos en presencia de un apego ansioso. Es la gente insegura, ansiosa, miedosa y/o celosa, que expresa: "Ya no me amas ¿por qué no me quieres más?". O: "Te necesito, dependo de ti".

Entonces tenemos, en primer lugar, el apego seguro: "Estoy tranquilo y exploro el mundo"; en segundo lugar, el apego evitativo: "No quiero comprometerme y me da vergüenza y miedo expresar mis emociones"; y, en tercer lugar, el apego ansioso: "¡Te necesito! Yo soy solamente cuando estoy contigo".

Un vínculo saludable sería graficado de la siguiente forma:

Mantenemos nuestras diferencias, nuestras salidas, nuestros espacios, a nuestros amigos; pero, también, compartimos tiempo y objetivos porque nos necesitamos. Por eso es que siempre deberíamos pedirles a los demás lo que necesitamos, ya sea un abrazo, una llamada, un encuentro, un consejo, etc.

Aprender a expresar nuestros deseos y necesidades

Tal vez nuestros amigos no sean muchos, pero son esas personas, al igual que la pareja o los hijos, con quienes nos sentimos seguros y relajados. Esas son, como ya mencionamos, nuestras "figuras de apego". Todos tenemos a alguien de cuya compañía disfrutamos. Compartimos y nos sentimos relajados y contentos. ¡Qué lindo es tener figuras de apego! Aunque sean pocas, son personas que nos llenan el corazón. Sin embargo, una cosa es *tener una necesidad* y otra, *ser un necesitado*. Expresar necesidad es recordar que todos precisamos de otros porque somos interdependientes. Hay ciertas cosas en las que yo me satisfago a mí mismo, pero hay otras para las cuales debo compartir con alguien para que me ayude. Tener necesidad está bien; ser un necesitado, no.

Todos los seres humanos somos dependientes (de quien nos proveerá el alimento, de la tecnología); todos somos un "yo compartido" y, a la vez, un "yo independiente". A esto se lo conoce como interdependencia. Necesitamos del otro, pero de forma segura. Todos necesitamos ser mirados, acariciados, validados… ¡pero no las 24 horas del día!

El balance entre el "yo único" y el "yo compartido" se denomina "interdependencia" o "apego sano". Una relación saludable se construye sobre la base de un yo autónomo más un yo dependiente. Nadie es totalmente omnipotente ("no necesito de nadie") ni impotente ("sin el otro, no puedo ser feliz").

Podríamos graficar al apego sano de esta manera:

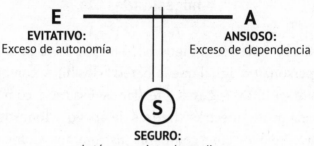

Todos podemos aprender a expresarles nuestros deseos, temores y necesidades a nuestras figuras de apego, se trate de la pareja, los amigos, los compañeros y todos aquellos que están en nuestro círculo de intimidad.

María Eugenia Moneta, autora del libro *El apego* y profesora asociada de la Facultad de Medicina de la Universidad de Chile, escribió en una revista de pediatría:

1. El apego es la primera relación del recién nacido con su madre o con un cuidador principal que se supone es constante y receptivo a las señales del pequeño o el niño de pocos años.

2. El apego es un proceso que no termina con el parto o la lactancia. Es un proceso que sirve de base a todas las relaciones afectivas en la vida y, en general, a todas las relaciones entre miembros de la misma especie. En los mamíferos existe apego en las diferentes especies.

*3. El apego hacia personas significativas nos acompa-
ña toda la vida, ya sean estos progenitores, maestros o personas con las cuales hemos formado vínculos duraderos.*[4]

Una relación saludable hoy sana nuestros modelos negativos del pasado

Tal vez te identificaste con esta situación: "Yo soy ansioso y me pegoteo. Si no tengo pareja, siento que me falta algo. Cuando hay un 'visto' a un mensaje de WhatsApp y no me responden, aparece la ansiedad y tengo miedo de que no me quieran más". O puede ser que te hayas identificado con el "yo soy independiente, hago lo que quiero"; o con el "a mí, no me gusta expresar mis emociones y no quiero que me asfixien".

Una relación saludable, que incluya un apego seguro, nos sana de los apegos negativos del pasado. Si disfrutas de una pareja linda, esa relación sanará tus modelos viejos. Si tienes un buen amigo o una buena amiga, con un apego seguro y tranquilo donde hay un ida y vuelta, un compartir sincero, esa relación sanará tus malas relaciones del pasado. Los seres humanos disponemos de una gran neuroplasticidad, por lo que podemos armar nuevos circuitos, nuevas historias, en nuestro cerebro.

En un apego seguro podemos expresar nuestras necesidades, nuestros miedos, nuestros deseos, y depender de

---

4 *Revista Chilena de Pediatría*, 2014; 85 (3): 265-268.

los demás sin aferrarnos ni pegotearnos, porque cada uno mantiene su individualidad y sus espacios. En este tipo de apego, somos capaces de relacionarnos con otros, de comprometernos, de expresar lo que sentimos libremente. Somos accesibles y podemos soltar nuestras emociones y recibir las ajenas.

Un aporte realizado por el médico Michael Balint es el concepto de que el medicamento más utilizado en la consulta es el propio médico, y este puede tener efectos curativos o dañiños.[5] Dicho de otra manera, no es únicamente el frasco de medicinas lo que importa, sino también la manera en la que el médico le prescribe al paciente su realidad, el conjunto de la atmósfera en la que el medicamento es recetado y tomado".

El vínculo nos sana. Cuando nos tratan bien, cuando tratamos bien al otro, cuando sabemos pedir y permitir que el otro pida, se produce la reciprocidad. No se trata de "yo doy y tú recibes". Martin Buber, un filósofo y escritor austríaco-israelí, conocido por su filosofía de diálogo y por sus obras de carácter existencialista, escribió alrededor de 1920 un libro llamado *Yo y Tú*[6] donde dice: "Cuando nos relacionamos Yo y Tú, es decir, tú eres igual a mí, eres un ser humano, no hay diferencia. Entonces podemos compartir el amor". Y utiliza una

---

5 Extraído de: *Boletín DocTutor*. Diciembre 2012. Actualizado 2015. "Aportaciones de M. Balint a la compresión de la relación médico-paciente". Disponible en: https://www.doctutor.es/2012/12/07/aportaciones-de-m-balint-a-la-compresion-de-la-relacion-medico-paciente-y-a-la-formacion-en-esta-area/
6 Buber, M. (2017). *Yo y Tú*. Barcelona: Herder.

metáfora muy bonita: "El amor no es como la sangre (personal), sino como el aire: lo compartimos".

Conectar de una manera saludable con el otro nos permite construir vínculos nutritivos. Permitirnos expresar lo que sentimos y ver al otro como un semejante, y no como un objeto que podemos usar o descartar, nos convierte en personas nutritivas. Tratarnos bien es terapéutico y sanador.

Capítulo 3

Mi actitud es clave para ser nutrido

La predisposición personal

Actitud implica una manera de ser frente a algo o a alguien, la cual incluye una disposición positiva o negativa. Murphy y Newcomb explican que la actitud es "un modo de situarse a favor o en contra de determinadas cosas".[7] Y según Triandis (1971), la actitud es "una idea cargada de emoción que predispone a una clase de acciones para una clase concreta de situaciones sociales. Tiene componentes perceptivos, afectivos y de comportamiento y varias clases de funciones: ayuda a la gente a ajustarse, a defender sus egos, a expresar sus valores y a comprender el mundo que les rodea".[8]

Las actitudes son predisposiciones.[9]

7 Murphy, G., Murphy, L. B. y Newcomb, T. M., 1937: 889; en Lamberth, 1989: 216.

8 *Revista chilena de terapia ocupacional* [N° 7, noviembre 2007]. Escuela de Terapia ocupacional, Facultad de Medicina, Universidad de Chile. Disponible en: http://web.uchile.cl/vignette/terapiaocupacional/CDA/to_simple/0,1374,SCID=21203%26ISID=735%26PRT=21201,00.html

9 Alandete, J. G. (2008). Tesis doctoral: Actitudes religiosas, valores y razonamiento moral. Departamento de Psicología Básica. Universidad de Valencia.

La actitud que tomes frente a los hechos influirá directamente sobre tu salud, tus relaciones, tu ánimo y la manera en la que te percibas a ti mismo.

Las personas pesimistas que guardan resentimientos afirman que el mundo es malo, pues nada positivo podemos hallar en él, y que debemos tolerar dicha situación toda la vida. Esta postura se opone por completo a la persona nutritiva, quien es optimista, pero no es inocente ni superficial, ya que posee una predisposición mental de esperanza frente a la vida y cree vivir en un mundo donde conviven lo bueno y lo malo. Se trata de una esperanza que es capaz de trascender las crisis, la enfermedad y toda circunstancia negativa, dándole sentido a las circunstancias más adversas y eligiendo siempre ver con optimismo su presente y aquello que está por venir.

> *La felicidad es una actitud. O nos hacemos miserables, o felices y fuertes. La cantidad de trabajo es el mismo.*
> **Francesca Reigler**

¿Qué actitud tiene la gente nutritiva?

Hay gente nutritiva que nos anima, nos sana, nos motiva, nos alienta. Ellos tienen actitudes que nos hacen bien. En este capítulo, quiero compartir la importancia de la "predisposición personal". Es decir, cómo me paro delante del otro. Necesitamos adoptar una actitud positiva para recibir todo aquello que el nutritivo nos brinda. No somos personas pasivas, sino que adoptamos una actitud facilitadora, favorable, para poder incorporar estas características o acciones que nos hacen bien.

Esto es importante. Veamos un ejemplo: te sientas en un lugar y, de repente, alguien se sienta a tu lado y resulta ser una persona molesta. Tú tienes la libertad de elegir dónde sentarte y cómo actuar. Esta posición activa para fijar límites, o sentarse en otro lugar, también debe ser utilizada cuando estamos con alguien nutritivo. Todos los seres humanos, aun sin darnos cuenta, adoptamos una actitud frente a la vida. Adoptar una actitud es reaccionar de una determinada manera. Por lo general, todos interpretamos las situaciones y reaccionamos a ellas según nuestra mirada interior. Haríamos bien en ser conscientes de que nuestra actitud es una herramienta muy poderosa. Esta nos puede elevar o nos puede hacer caer estrepitosamente. Es decir, abrirnos o cerrarnos puertas. Ahora, el hecho de tener una u otra actitud depende de nosotros. Cada persona elige su actitud. Es decir:

a. No soy víctima de los demás, no soy un receptor pasivo

Muchas personas que se nos acercan no tienen actitudes nutritivas; por el contrario, muestran actitudes tóxicas. Debido a esto, puedo elegir qué actitud voy a tomar ante ellas. Esto implica que me vuelvo receptivo y elijo tener una actitud abierta o no hacia el otro, lo cual me permite aprender y recibir lo mejor de parte de los demás. Esto significa tener una actitud de apertura hacia todo aquello que me hace bien.

b. No tengo una actitud narcisista

Si yo me cierro, no aprendo del otro; tampoco permito que el otro exprese su amor y su cariño. Es decir, no soy víctima ni narcisista, sino que tengo una actitud abierta y saludable para recibir lo bueno que el otro me quiera ofrecer. Todos tenemos necesidad de vincularnos, ya que somos seres sociales. Necesitamos alimentarnos, pero también relacionarnos a través de y con el otro. La soledad y el aislamiento conducen, muchas veces, a la tristeza y la depresión.

Yo elijo ser nutritivo o no

Los seres humanos podemos reaccionar frente a las circunstancias que nos rodean de estas tres maneras: pasiva, reactiva o proactivamente. Si elegimos la primera, nos resignaremos pensando: "Esto es lo que me tocó vivir y no puedo hacer nada al respecto". Si optamos por la segunda, reaccionaremos negativamente. En cambio, si elegimos la tercera, pase lo que pase, nos pondremos de pie para accionar y cambiar el clima afectivo.

Podemos atravesar una gran dificultad y, aun así, decidir adoptar una buena actitud. O podemos tenerlo todo "en apariencia", pero elegir una actitud negativa. ¿Cómo? Por ejemplo, quejándonos todo el tiempo (siempre habrá una razón) o tratando mal a los demás.

*Mi actitud determina, en gran medida, mi éxito
en todas las áreas de mi vida.*

William James, el padre de la psicología estadounidense, en una ocasión atendió a un muchacho cuya salud estaba deteriorada por las adicciones. Le preguntó al joven: "¿Cómo es que usted llegó a este estado?". Él le respondió: "Mire, doctor, mi papá nunca me quiso, nunca me abrazó, y nos abandonó. ¿Cómo quiere que sea con un padre así?". Tiempo después atendió al hermano de ese muchacho, que era un hombre trabajador, luchador, con sueños. James le preguntó lo mismo: "¿Cómo llegó usted a ser así?". Esta fue su respuesta: "Lo que ocurre es que mi papá nunca me quiso y me abandonó. ¿Qué espera con un padre así?". Vemos aquí dos hermanos frente a la misma situación, pero con una actitud distinta. Solemos decir en psicología que la introspección es un signo importante de salud mental. ¿Qué es hacer introspección? Mirar hacia adentro y preguntarse qué cosas son importantes o trascendentes. Entonces, preguntarnos cada día qué es lo que en verdad importa (y actuar en consecuencia), sin duda, nos ayudará a salir de una situación negativa un poco más fortalecidos.

> La actitud es una pequeña cosa que hace una gran diferencia.
> **Winston Churchill**

Siempre habrá un grupo de gente que repetirá las mismas conductas y no habrá aprendido cómo mejorar. La diferencia, como en la anécdota de los dos hermanos, radica en la actitud que cada uno decide adoptar.

La psicología de la educación denomina a este fenómeno optimismo o inteligencia emocional, el cual va mutando de acuerdo con la persona y el entorno en el que esta vive. Por ejemplo, vivir con escasos recursos económicos durante un tiempo puede impulsar a alguien a buscar un cambio y, a otra persona, a aceptar su situación con resignación.

Necesitamos aprender del pasado para construir un nuevo presente.[10]

La habilidad de un individuo para aceptar y transformar su mundo consiste en un proceso de aprendizaje en el que tiene lugar un cambio significativo. Necesitamos desarrollar una actitud nutritiva frente a las circunstancias de la vida. Alguien dijo que la vida está compuesta por un 10% de situaciones y un 90% de actitudes. Es decir que, ante una misma situación, dos personas pueden reaccionar diferente.

Sheldon Wolin, filósofo y politólogo, realizó un estudio sobre la actitud de las personas resilientes, que bien podríamos sumar a aquellas personas que tienen una actitud nutritiva hacia la vida:

• Capacidad para mirar hacia adentro con honestidad.

---

10 Cortés y Leiva, 2012.

- Capacidad para manejarse solo a nivel emocional y físico sin aislarse de los demás y para separarse sanamente de los problemas.

- Capacidad para reírse de sí mismo, aun en medio de la adversidad.

- Capacidad para crear en medio del desorden.

- Anhelo por el bienestar del prójimo a nivel de toda la humanidad.

La próxima vez que afrontes un problema, tendrás la posibilidad de elegir la mejor actitud. ¡Nadie puede privarte de tu libertad de elección!

> *Una persona feliz no tiene un determinado conjunto de circunstancias, sino un conjunto de actitudes.*
>
> **Hugh Downs**

Analicemos diferentes formas de ser nutritivos al transmitir una buena actitud hacia los demás y con nosotros mismos:

1. *Tener en claro lo que deseamos transmitir*

> *Estar interesado en los cambios de estación es un estado más feliz que estar enamorado siempre de la primavera.*
>
> **George Santayana**

Cuando queremos difundir algo, nadie creerá en nosotros si no estamos totalmente convencidos de nuestro mensaje. Dos estudiantes que rinden un examen pueden obtener distintas calificaciones:

un 6 y un 8, por ejemplo. Pero esta calificación no necesariamente depende de lo que hayan estudiado. Puede ser que el primer estudiante se haya puesto nervioso y haya olvidado parte de lo que sabía; mientras que el otro (que no había estudiado tanto) mostró una actitud firme, segura y relajada. Todas nuestras acciones están acompañadas de nuestra actitud.

2. *Ser breve e ir al grano*

¿Sueles explayarte al hablar y dar mil razones cuando quieres convencer a alguien? De ser así, debes saber que la síntesis en un mensaje, como así también el hecho de escuchar a los demás sin interrumpirlos, puede obrar milagros. Esto nos convierte en personas que atraen los mejores resultados.

3. *Mostrar empatía*

Ser empático es lo opuesto a ser agresivo. ¿Qué significa exactamente? En términos simples, "ponerse en los zapatos del otro". Esto nos permite entender por qué los demás hacen lo que hacen y cómo se sienten. En cambio, ser agresivo nos puede hacer ganar una batalla en ese momento, pero nos hará perder la oportunidad de acercarnos a los otros y obtener logros a largo plazo. La persona empática posee una

> *Despertamos en otros la misma actitud mental que tenemos hacia ellos.*
> **Elbert Hubbard**

de las mejores actitudes y suele conseguir lo que quiere sin necesidad de herir a los demás. Le permite ganarse el respeto y la simpatía de todos.

4. *Ser profesional*

Cuando sabemos con certeza cuál es nuestro rol y para qué estamos en este mundo, somos capaces de controlar nuestras emociones sin dejar que ellas nos dominen. Uno se pregunta cómo hace un médico cirujano para mantener sus emociones bajo control, a pesar de enfrentar situaciones de tanto estrés

> *La excelencia no es una habilidad, es una actitud.*
>
> **Ralph Marston**

como son las intervenciones quirúrgicas. La respuesta está en el hecho de que se comporta como un profesional. Tal actitud hace que no se vea como "el amigo de su paciente"; de lo contrario, no podría operarlo. Tener en mente nuestra tarea nos brinda la posibilidad de tomar distancia y ser objetivos sin tensionarnos, una actitud que nos favorece a nosotros mismos y a los demás.

5. *Encontrar una solución en la adversidad*

No hables el problema, ¡habla la solución! Si ves que el barco se hunde, no grites: "¡Nos hundimos!", sino: "¡Todos a nadar!". Tratemos de no mirar siempre el vaso medio vacío. Si elegimos hablar de la salida, en lugar de la dificultad, podemos marcar la diferencia. Por ejemplo: "Noté este error en la tarea y propongo esta idea para resolverlo". De ese modo, alejamos de nuestra vida la negatividad tóxica. La gente nutritiva rinde mejor en el trabajo y todo el mundo busca su compañía.

6. Reconocer nuestras fortalezas

Una actitud nutritiva nos llena de fe y, además, nos permite enfocarnos en nuestros puntos fuertes y no en nuestras debilidades. Muchos piensan: "¡Si tuviera el puesto de trabajo de mi amigo!" o "¡Si tuviera la fama de ese cantante!". Lo cierto es que cada persona nace con sus propios talentos y características. No busques ser como otros, brilla con tu propia luz. Todos tenemos rasgos positivos y negativos; nadie es totalmente malo ni totalmente bueno. Descubre y celebra todo lo bueno que hay en ti y en los demás.

7. Ver lo que otros no ven

Una persona con actitud nutritiva suele ver lo que otros no pueden ver... antes de que alguien más lo vea. Tiene una visión sana del mundo que la rodea y de sí misma y se ve sana, capaz, triunfadora, logrando cosas extraordinarias que tal vez otros nunca lograrán. Por eso, quien es nutritivo está lleno de pasión y no necesita que nadie lo motive.

> *El gran descubrimiento de mi generación es que un ser humano puede alterar su vida al alterar sus actitudes.*
> **William James**

8. Valorar lo que hacemos

Según cuentan, cuando les preguntan a quienes trabajan en la compañía sueca de telefonía Ericsson si ellos se dedican a fabricar teléfonos, responden que se dedican a conectar el mundo. Cuando tenemos una buena actitud, somos libres para ir detrás de cosas grandes y le damos mucha importancia a todo lo que hacemos. Es decir, que nos valoramos, porque sabemos que somos personas con un propósito especial en este mundo.

La forma más eficaz de enfrentar y modificar algo que nos daña es oponiéndole justo lo contrario. Actualmente, en el mundo convulsionado en el que vivimos, mucha gente elige adoptar una actitud pesimista frente a la vida. Para derrotarla, tenemos que recurrir a una actitud nutritiva, que es sinónimo de adoptar una postura sana.

> *No puedo cambiar el viento. Pero puedo ajustar las velas para llegar siempre a mi destino.*
> **Jimmy Dean**

El ser humano siempre necesitó, y aún hoy en día necesita, recuperarse de cada una de sus circunstancias negativas para poder seguir adelante. La forma individual de reaccionar frente a la adversidad, sea colectiva o personal, es sumamente variable: con resignación, abandono o desánimo en algunos casos. Y con inconformismo o fuerza interior para recuperarse, en otros. La decisión siempre es de uno y de nadie más. No somos conscientes de las muchas elecciones que realizamos a diario, las cuales nos conducen a pensamientos y conductas poco nutritivas. Tal vez, la próxima vez que debas elegir qué actitud adoptar, puedas pensarlo con mayor claridad y decidir por la mejor.

CAPÍTULO 4
La alegría de verte

De la hermosura del rostro habla el amor

Todos transmitimos algún mensaje cada vez que nos comunicamos con los demás. La comunicación es inevitable. Incluso en silencio, expresamos lo siguiente: "No quiero hablar ahora". Lo que decimos tiene el poder de construir o destruir. La capacidad de comunicarnos nos diferencia de los animales. Pero, además de las palabras, enviamos mensajes con el lenguaje de nuestro cuerpo. Y, en ocasiones, lo no verbal supera lo verbal.

Roman Jakobson, lingüista y filósofo ruso, explicaba que "la lengua es un sistema funcional producto de la actividad humana cuya finalidad consiste en la realización de la intención del sujeto de expresar y comunicar. Una de las funciones que posee el lenguaje es la expresión, pues permite comunicar a otros el estado de ánimo, las emociones o los sentimientos del emisor. En el discurso oral, esta función se la reconoce por la expresividad del lenguaje, el tono de voz y la entonación al emitir gestos y posturas corporales, entre otros".[11]

Cuando nos encontramos con alguien y expresa un gozo sincero de vernos, este hecho nos produce una enorme satisfacción. Se traduce en: "Yo valgo para esa persona". Sentimos que le generamos alegría al otro. Eso hace, en general, que se retribuya con la misma emoción. No hablamos aquí del "qué lindo verte" fingido, sino del que brota del corazón. La sonrisa demuestra que estamos contentos y satisfechos, lo cual es un mensaje de que estamos interesados en el otro, de que no somos ni superiores ni inferiores, sino iguales o pares (como si hubiésemos estudiado juntos). La risa y la sonrisa son terapéuticas, nos hacen bien; sanan las heridas y nos conectan mejor con los demás. Esta emoción, que es básica, dura el mismo lapso en el que dura un chiste o una anécdota, ya que uno comienza a reírse, pero luego deja de hacerlo. La risa siempre es sanadora. Cuando uno está contento busca compartir. ¿Quién no desea compartir con otros cuando está feliz? ¿Quién no aceptará la invitación de una persona que contagia alegría? Cuando hablo de risa, no me refiero a la risa de aquella persona negadora de la realidad, sino a la emoción de corta duración que todos necesitamos activar. Dicen que las emociones positivas nos ayudan a vivir más años. La gente que sonríe y está

11 https://es.slideshare.net/MariiCoromotoAvilaRuza/teoria-de-roman-jakobson?next_slideshow=1

contenta transmite una emoción de esperanza. Hay personas que no suelen reírse; su rostro siempre está serio porque, en realidad, lo que quieren es transmitirle al otro su malestar. Su frustración y bronca son tan grandes que las transmiten con su rostro.

Ahora bien, como la risa no siempre es suficiente, existe un nivel de emoción más profundo: la alegría, una emoción que no tiene un objeto que la dispare. La alegría es un estado emocional que se activa en cualquier momento porque nace de una interpretación positiva de la vida. Personalmente creo que, a medida que crecemos, más alegría vamos activando, ya que dejamos de preocuparnos por muchos aspectos y comenzamos a darle un sentido positivo a todo. Cuando uno está alegre, en principio se activa el niño interior, ya que este estado nos remonta a la infancia, esa etapa de la vida donde predominaba dicha emoción. El psicólogo y escritor Daniel Goleman realizó un estudio con el que llegó a la conclusión de que, en los comercios, los empleados felices transmiten su emoción a los compradores y, como resultado, estos terminan gastando más dinero.

Se comprobó que las personas alegres, además, responden mejor a las situaciones que se les presentan. Hay tres maneras de responder: la constructiva, la crítica y la indiferente. Por ejemplo, si una persona comenta que consiguió trabajo, alguien alegre le respondería constructivamente: "¡Qué bueno! ¡Te felicito!". Una persona que responde críticamente le diría: "Y... vas a trabajar duramente, te van a pagar poco y te van a echar en cualquier momento". Mientras que alguien que responde de manera indiferente simplemente diría: "Ah, qué bien... Me duele la cabeza, me tengo que ir". Se descubrió que las personas con un estado de alegría permanente responden de manera constructiva; por esa razón, sus jefes las retienen más en su empleo. En cualquier trabajo, aunque digan que se debe a una reducción de personal, siempre nos despiden por nuestro carácter.

Otro punto a destacar es que las personas alegres son más creativas, les va mejor y llegan más lejos en la vida. La risa y la alegría sanan y nos relacionan con el otro de una manera saludable y nutritiva.

Sonreír un poco más cada día nos convierte
en personas nutritivas.

Supongamos que alguien me habla y espera que le dé una respuesta, y yo mantengo mis brazos cruzados y mis ojos fijos en un punto lejano. De ese modo, le estaré diciendo: "No estoy interesado en tus palabras". No es lo mismo decir: "Te amo" mirando a los ojos que decirlo leyendo el diario. No es lo mismo expresar: "Estoy abierto a tus preguntas" con los brazos abiertos que con los brazos cruzados. Ahora, si yo le hablo a una persona con su entrecejo fruncido, seguramente pensaré que le resulto aburrido. En este caso, me convendría comentarle: "¿Te sucede algo? Te noto raro". Preguntar más y afirmar menos es una excelente técnica para mejorar nuestra forma de comunicarnos y nos puede ahorrar muchos problemas.

Considerar cada encuentro con el otro como algo importante, como un motivo de paz y felicidad, genera conexión en el vínculo. Cuando alguien llega a un lugar serio y cargado de quejas y molestia, su actitud inmediatamente provoca desconexión. En un estudio muy interesante del doctor Ed Tronick, realizado en 1970 y denominado "La cara inmóvil", una mamá estaba jugando con su bebé. De repente, ella puso cara seria, dejó de hablarle y se quedó inmóvil durante dos minutos. El niño hizo varias cosas para llamar la atención y así recuperar la cara alegre o conectada de su madre: movió sus brazos, gritó, lloró y se acercó a ella. Esas son todas las acciones que realizamos los adultos para recuperar la conexión con el otro.

Hay personas negativamente expresivas. ¿Qué quiere decir esto? Que son controladas por sus emociones negativas, en cualquier lugar y con cualquiera a su lado. Resulta terapéutico expresar lo que uno siente, pero lo ideal es hacerlo con inteligencia. Esto implica hacer uso de un adecuado tono de voz y de un lenguaje corporal que confirme lo que decimos. Muchos expresan algo con sus palabras, pero otra cosa muy diferente con sus gestos.

Cuando alguien mira a otros con seriedad y permanece inmóvil, se despierta en muchos esa sensación infantil de desconexión. La persona expresa: "¡Qué cara!". O pregunta: "¿Por qué estás tan serio? No me mires así". Es la actualización de esa experiencia infantil de pérdida de la conexión básica con mamá. A lo largo de toda la vida,

> *Disculpe que la moleste. Una mujer con un rostro como el suyo necesariamente tiene que ser buena.*
> **Emily Brontë en**
> *Cumbres borrascosas*

todos buscamos rostros con los cuales podamos conectar.

En cambio, cuando nos miran, se alegran y nos sonríen, eso evidencia una conexión con nosotros y nos sana. La alegría expresada con el rostro debe ser sincera, no exagerada ni una puesta en escena; simplemente el gozo de estar con otra vida y disfrutar de ese momento. Dijo D. Winnicott, pediatra y psiquiatra, en 1967: "El rostro de la madre es el espejo en el que el bebé comienza a reconocerse a sí mismo".

Cuando una actitud negativa de enojo es expresada en el rostro, suele generar malestar en el ambiente y distancia con el otro. Pero, cuando llego a un lugar transmitiendo alegría, determino un nuevo ambiente. Saludar y sonreír construye proximidad afectiva y produce bienestar y un mejor clima. El otro se siente más cerca, más próximo, y percibe la alegría que uno experimenta; el hecho de compartir la alegría juntos sana y hace sentirse valorados a los demás.

> *Muchas veces basta una palabra, una mirada, un gesto, para llenar el corazón del que amamos.*
> **Madre Teresa de Calcuta**

Imaginemos que un gerente saluda a un empleado en su lugar de trabajo. Al hacerlo con una sonrisa y con alegría en su rostro, aquel que está jerárquicamente en un puesto inferior se siente valorado. En cambio, si es el cadete quien saluda con alegría al jefe, tal vez su superior no se sienta valorado sino rejuvenecido o motivado. Siempre la alegría nos hace bien y resulta motivadora.

Recuerdo la época en que llegaba a mi consultorio, bajaba del auto y salía el dueño del negocio de enfrente (una zapatería) y me miraba atentamente. Yo le respondía mirándolo también, preguntándome por qué me miraría así. Esta dinámica tuvo lugar durante meses; hasta que, un día, bajé del auto, él salió de su negocio y, al mirarlo, le sonreí y le hice un comentario sobre el tiempo. De inmediato, él cambió la expresión de su rostro y, a partir de ese día, ambos sonreímos a modo de saludo cada vez que nos vemos. Más allá de este ejemplo de alegría ocasional, cuando trasladamos esta actitud a los vínculos cotidianos y lo repetimos, nutrimos al otro y a nosotros mismos.

Ser de una sola pieza

Para tener éxito en la vida, debemos ser gente con integridad. Esto significa comportarnos de la misma manera en todo lugar y brindarles un buen trato a los demás. Incluso en entornos virtuales. Y no lo hacemos solo verbalmente, sino además a través de nuestro lenguaje corporal. Para lograrlo, es fundamental ser "emocionalmente inteligentes". Nos permitirá disfrutar de mejores relaciones interpersonales, aun con la gente que nos resulta complicada.

¿Podemos llevarnos bien con todo el mundo? La respuesta es un rotundo sí. Recordemos que nuestro cerebro tiende a ser sociable. Significa que se conecta con alguien constantemente. Es por ello que todos poseemos la habilidad de tener buenas relaciones interpersonales. No obstante, la primera relación que debemos conquistar es con nosotros mismos. Esto es así porque nadie es capaz de dar lo que no tiene. Cuando me lleve bien conmigo mismo, podré hacer uso de mi "capacidad de convocatoria" con la que vine equipado, equipada, a este mundo.

Te invito a analizar las siguientes técnicas sencillas que nos pueden resultar útiles para desarrollar nuestras habilidades de sociabilización:

- Permitir que el otro se sienta protagonista, lo cual lo predispondrá a la comunicación.

- Sonreír, aun con el rostro cubierto, como debemos hacerlo hoy en día. Esta es una actitud generadora de ambientes positivos.

- Mirar a los demás a los ojos cuando nos dirigimos a ellos para mostrar interés y empatía.

- Procurar la empatía, como ya dijimos, es la capacidad de "sentir lo que una persona siente". De esta manera, uno logra comprender el pensamiento, la emoción y la acción del otro. Es una preciosa herramienta que genera confianza cuando se brinda sin interés alguno. Todo lo que un ser humano siembra, tarde o temprano, lo termina cosechando.

Como mencionamos al comienzo del capítulo, al comunicarnos, transmitimos mensajes y estos son fundamentalmente "no verbales". Lo que expresamos con nuestra boca solamente confirma, o no, lo que nuestro cuerpo está diciendo. Leamos esta historia que se le atribuye a Carlos V:

> *En el gesto hay la misma intensidad poética y simbólica que en el poema. La percepción del gesto puede dar un lirismo parecido a la música o a la resonancia del verso.*
> **Marcel Marceau**

El emperador debía firmar una sentencia que decía así: "Perdón imposible, que cumpla su condena". Pero el monarca, que tenía a su amigo preso, según se cuenta, cambió la coma de sitio antes de firmar: "Perdón, imposible que cumpla su condena". De esta forma cambió la suerte de su amigo.

Este es un ejemplo de cómo, aunque siempre intercambiamos mensajes con los demás, podemos caer en malos entendidos.

Cómo interpretar mejor los mensajes que recibimos

a. Tener presente que nuestra observación de la realidad depende de cómo nos sentimos en ese momento

La forma en la que yo lea lo que sucede no será la misma si me encuentro feliz o enfadado. Y, si quien recibe mi mensaje está enojado, cualquier cosa que le diga será interpretada según su emoción predominante. Por este motivo, asegurémonos siempre de cómo se sienten ambas partes del circuito comunicativo.

b. *Chequear la forma y el tono del mensaje que transmitimos*

En una ocasión, un muchacho que vivía en otro país se comunicó con su padre por correo electrónico. Cuando el hombre leyó las primeras líneas, inmediatamente apagó la computadora. La madre del joven quiso saber por qué lo había hecho; a lo que el esposo contestó: "¿Tu hijo pensará que yo tengo un banco?". El correo decía lo siguiente: "Papá, envíame dinero hoy mismo, no puedo más. Tu hijo". La mujer volvió a encender la máquina y le leyó al padre el mensaje con suavidad: "Papá, envíame dinero, no puedo más. Tu hijo". Siempre seamos cuidadosos con la manera en la que nos comunicamos. El tono con el que leemos un mensaje puede cambiar por completo su significado. Cómo nos expresamos suele ser tan importante como lo que expresamos. Cuidemos ambos elementos, el contenido y la forma, a la hora de comunicarnos.

> *A veces, en los pequeños gestos se descubren los sentimientos más grandes.*
> **Federico Moccia**

c. *Usar nuestra expresividad innata*

La comunicación ha evolucionado. Antes escribíamos una carta. Luego, comenzamos a comunicarnos por teléfono fijo y hoy en día usamos el celular, que incluye los mensajes de texto, las redes sociales y el WhatsApp. Pero nada puede reemplazar la comunicación cara a cara. Tenemos que tomar conciencia de que es posible conectar con alguien a través de nuestro tono de voz, nuestros gestos y nuestra postura corporal. Es decir, el lenguaje de nuestro cuerpo es naturalmente expresivo y puede transmitir optimismo y aprobación. También debemos "escuchar" con nuestros ojos. Una de las quejas más frecuentes en la pareja es: "No me estás escuchando", lo cual se interpreta así: "No te importa lo que me sucede". O peor aún: "No merezco la atención de nadie". Escuchar no es automático, requiere esfuerzo y atención. Uno oye sonidos y escucha mensajes. Una buena escucha se produce cuando hay coincidencia en la mirada y, luego, podemos recordar lo que el otro dijo y el interés demostrado hacia nosotros.

Comunicarse nutritivamente es saber que todo tu cuerpo, tu tono de voz, tus gestos, y aun lo que callas, emite un mensaje. Para lograr conectar, el mensaje debería ser siempre de aprobación, nunca de condena. Elige ser un puente de expresión nutritiva para el otro y para ti mismo.

Capítulo 5
"Yo y tú": encuentro de dos vidas

Te respeto, me respetas...

Todos somos diferentes, por lo tanto, es correcto que el otro viva, actúe y piense de manera diferente. Tal vez tu pareja no piensa como tú quieres, y quizás está equivocado o equivocada, pero, igualmente, siguen siendo pareja. Una persona nos gusta porque tiene aspectos en los que somos parecidos, pero también hay otros en los que somos muy distintos, y esos costados diferentes también nos atraen. Cuando queremos que el otro piense o actúe como nosotros, lo que estamos haciendo es anular su capacidad de ser único.

Quizás la persona que está a tu lado no comparte tu forma de pensar y crees que no está en lo cierto; pero, aun así, no deja de ser tu pareja. Por lo general, la gente nos atrae por aquellas cosas que comparte con nosotros y, además, por aquello que la diferencia de nosotros. Pretender que alguien piense, sienta o actúe como yo es cancelar su potencial, que es único e ilimitado. No obstante, cuando veo al otro como un "tú", como una persona valiosa, como alguien igual que "yo", se genera respeto, amor y sanidad.

En 1974 unos exploradores descubrieron un ejército de más de ocho mil soldados de barro de tamaño natural que custodiaban la tumba del emperador chino Qin Shi Huang. Este emperador había ordenado que le hicieran un ejército de barro para que lo cuidara en la otra vida. Lo interesante de estas huestes es que todos los soldados de terracota tienen un rostro diferente, no hay dos iguales. El escultor se dedicó a moldear la cara de cada guerrero en forma individual. Está claro que este escultor había entendido el concepto de que somos únicos.[12]

Si bien somos únicos, tenemos que aprender a convivir con un "tú". El filósofo Martin Buber hablaba de no relacionarnos con "yo-eso" y ver al otro como una cosa, una mercancía, un objeto o un medio, sino como alguien distinto de mí. No valoremos al otro por su dinero, su conocimiento o su trabajo. ¡Por nada de eso! Consideremos el encuentro con él o ella como dos vidas que se conocen y se aprecian, simplemente, por "ser". Cuando veo al otro despojado de si sabe o no, de si tiene dinero o no, de si es culto o no, se produce un verdadero encuentro con otro ser humano que posee la misma valiosa vida que yo. Un encuentro sanador.

> *Solo nosotros sabemos estar distantemente juntos.*
> Julio Cortázar

12 https://www.bbvaopenmind.com/ciencia/investigacion/la-ciencia-desvela-los-secretos-de-los-guerreros-de-terracota/

Según Martin Buber existen cuatro variables con respecto a esto:

- a. yo - "eso".
- b. "eso"- tú (cuando el otro me trata como una cosa)
- c. "eso" - "eso"
- d. yo - tú.[13]

Cuando percibimos al otro como un par, podemos aprender de esa persona. El otro no es inferior ni superior: al colocarlo al mismo nivel, puedo aprender de él y él puede aprender de mí; puedo aprender de su error y él puede aprender del mío. Es decir, se construye un espacio de respeto donde cada uno le aporta algo a la otra parte. Un ámbito donde somos iguales.

Es importante no sobrevalorar ni reducir al otro, aun cuando haya una relación de maestro-alumno. El trato en la modalidad yo-tú hace que el alumno reconozca el recorrido y el conocimiento del maestro, su saber, pero sin idealizarlo. Es un ser que sabe más, a quien reconozco y de quien puedo aprender; no lo idealizo y el maestro tampoco me trata como un "algo", pues entonces me estaría cosificando y desvalorizando.

> *He aprendido a no intentar convencer a nadie. El trabajo de convencer es una falta de respeto, es un intento de colonización del otro.*
>
> **José Saramago**

---

13 Buber, Martin (2002). *Yo y Tú*. Nueva Visión.

Modelos de comunicación "cero" nutritivos

a. El silencio castigador

Ese tipo de silencio, también llamado conducta pasivo-agresiva, es un concepto descripto por el psiquiatra alemán Wilhelm Reich en 1949. Se usó durante la Segunda Guerra Mundial en el ejército estadounidense para describir la resistencia que tenían algunos soldados en responder y tolerar el estrés. Se le pedía a un soldado que hiciera una tarea y este asentía, pero lo hacía "de la boca para afuera" porque, por dentro, se negaba a cumplir la orden. ¿Qué ocurría entonces? El soldado se demoraba en hacer la tarea, la hacía mal o la dejaba incompleta. Olvidar parte de la tarea requerida, hacerla mal, postergarla o llegar tarde son todos ejemplos de conducta pasivo-agresiva. Básicamente podríamos decir que una persona que se comporta así dice una cosa pero por dentro siente otra; como no se atreve a expresar lo que siente, lo actúa pasivamente. Es la gente que hace un gran uso de las ironías, el sarcasmo, las indirectas, o que habla lentamente y con aparente amabilidad, pero te destruye. "No lo tomes a mal, pero…", suelen decir, y luego te lastiman con sus palabras. Tienen una lengua filosa y hieren profundamente cuando te hablan; o sencillamente no te dirigen la palabra, sino que te castigan con su silencio. Imaginemos que una joven le dice a su pareja: "Mi amor, ¿vamos al cine?". Él no desea ir, pero le responde: "Vamos". En el cine, él permanece serio, callado. "¿Estás bien, amor?", le pregunta ella, y él responde: "Sí", pero continúa sin decir palabra. ¿Qué hizo? La castigó con el silencio; impuso la "ley del hielo". Se trata de personas que tienen dificultades para expresar su deseo, para decir lo que sienten, para poner en palabras sus pensamientos y anhelos. Para evitar el conflicto, o por temor, guardan sus emociones, pero luego, pasivamente, toman venganza por la bronca que interiorizaron.

Es posible encontrarse a unos metros de distancia física de alguien, pero a años luz de distancia afectiva. El aislamiento emocional, que utilizan

> *Lo preocupante no es la perversidad de los malvados sino la indiferencia de los buenos.*
> **Martin L. King**

los manipuladores con sus víctimas, posee la fuerza de desorganizar interiormente a cualquiera.

Es importante que aprendamos a poner en palabras lo que nos sucede, que nos atrevamos a expresar con calma nuestros deseos, que verbalicemos lo que pensamos y sentimos. Todos nos sanamos hablando y utilizando palabras nutritivas.

b. Mensajes contradictorios

Necesitamos conectar con aquello que deseamos, activarlo y cuidarnos de no caer en el doble vínculo, ese sistema de comunicación que genera psicosis y locura pues implica enviar dos mensajes contradictorios paralelamente. Por ejemplo, imaginemos que una mamá le regala a su hijo una camisa blanca y una roja y le dice: "Hijo, son para ti". El joven toma la camisa blanca y ella le pregunta: "¿No te gusta la camisa roja?". Es decir que, haga lo que haga, ya perdió. Es como la mujer que se queja: "Nadie me ayuda en esta casa"; entonces, su pareja le propone: "Voy a limpiar yo, tú descansa" y, cuando él empieza a hacerlo, ella le comenta: "Así no se hace, déjame a mí". Con esta actitud, cuando uno expresa algo, en realidad, está enviando un mensaje contradictorio y logra que el interlocutor quede atascado en ello.

c. Indirectas

Él quiere reunirse con sus amigos para jugar al fútbol, pero su esposa le propone salir a caminar. Él le responde: "Hoy los muchachos se reúnen en la cancha". Ella no interpreta que él quiere ir, toma sus palabras solo como una información sin importancia y le dice: "Mira qué lindo aquel parque. ¡Vamos a sentarnos a disfrutar del sol bajo uno de esos árboles!". Él se queda con enojo, pensando que ella es muy absorbente y debería darle más libertad para salir con sus amigos. Mucha gente vive adivinando, algo que no deberíamos hacer en demasía.

d. Expresarse desde la queja

Es como el hombre que se queja: "Nunca puedo ver un programa deportivo en paz, sin interrupciones";

entonces, su pareja le dice: "Voy a ir a dar una vuelta con los nenes así estás tranquilo" y, cuando se están acercando a la puerta él le dice: "No es bueno que los niños estén fuera de su casa a esta hora, deberían estar adentro".

Todo tiene que ver con las palabras que decimos, porque los seres humanos nos relacionamos a través de la comunicación. Todo es comunicación. No existe tal cosa como la falta de comunicación, pues aun cuando uno está en silencio, está comunicando algo (en este caso, que no desea hablar). Los problemas son alimentados con nuestras palabras. Cuando yo hablo negativamente, me quejo, murmuro, critico o me amargo, la dificultad que tengo toma fuerza. No resuelvo mi problema, sino que lo agrando. La única manera de destruir mis dificultades es elegir palabras nutritivas.

> *Quejarse es la mejor forma de arruinar una relación.*
> **Rafael Santandreu**

Imaginemos que tengo una botella con agua hasta la mitad. ¿Qué es correcto decir: que está medio llena o medio vacía? ¿Medio llena es positivo, mientras que medio vacía es negativo? En realidad, el contexto determina el sentido. Uno puede ver la botella medio llena o medio vacía. Eso mismo es lo que nos sucede con las palabras. Todos vemos la realidad desde distintos lugares y nadie tiene la verdad absoluta. Cada uno ve la botella medio llena o medio vacía, según su situación. Es por ello que, para comunicarnos bien, lo primero que necesitamos considerar es el contexto.

La ley del acuerdo: tú y yo

La palabra "acuerdo" en griego es sinfonía. Aun cuando tengamos el mismo objetivo, no necesitamos pensar y hacer lo mismo, pues somos distintos. De eso se trata el acuerdo: dos personas que fijan el mismo objetivo y accionan de manera diferente para alcanzarlo.

Si bien ver las cosas de manera diferente es correcto, no ponerse de acuerdo genera conflicto. ¿Por qué discutimos o peleamos? A veces, lo hacemos con nuestra pareja, con nuestros hijos o con alguna otra persona por cuestiones por las que nunca habíamos discutido antes. ¿Te pasó alguna vez que discutiste por algo que, hasta ese momento, nunca te había producido conflicto? Supongamos que surge un tema en una charla de pareja y, de pronto, comienza una discusión por algo obvio, casi invisible, que uno venía haciendo desde hace años, o que la otra parte hizo durante años también, por lo que nunca habían discutido antes porque era algo que se daba por sentado y nadie mencionaba, pero ahora es un motivo de desacuerdo. Es uno de esos contratos tácitos que nunca se discutieron, pero de pronto empieza a molestar y necesitamos hablarlo con el otro. Por ejemplo, ¿quién se encarga de pagar las expensas o de recoger la ropa seca? Parecen cuestiones de menor importancia, pero a veces pueden generar mucha división. ¿Dónde está escrito quién debe hacerlo? ¿Firmaron alguna vez un contrato en papel? Existen contratos tácitos sobre quién hace cada cosa o quién duerme de cada lado de la cama. En algún momento, alguno de los dos lo decidió y el otro dejó que tomara esa decisión. Otro ejemplo: ¿quién decidió qué días él y qué días ella lleva a los chicos a fútbol o a gimnasia, o a clase de canto o a piano? ¿Quién decidió ir a comer todos los miércoles a la casa de los suegros? Son acuerdos tácitos que se transforman en una institución en la pareja. Por esa razón, el día en el que uno anuncia: "No quiero ir", empieza el conflicto. Hasta ese momento nunca habías discutido por eso, ni siquiera lo

> **Usted puede estar en desacuerdo sin ser desagradable.**
>
> **Zig Ziglar**

habías pensado, porque lo naturalizabas, aceptabas que era tu turno de hacerlo; pero, cuando cambias de idea y mencionas el tema, surge la discusión porque nadie esperaba ese cambio. "¿Qué te pasó? ¡Tú no eras así! Si siempre aceptaste ir a comer a la casa de mis padres, ¿por qué ahora no quieres? ¿Quién te llenó la cabeza?". Son desacuerdos que suelen darse en el tiempo y que necesitan ser conversados.

¿Cómo tratar un desacuerdo?

Cuando debemos conversar algo con otra persona, es fundamental no ubicarnos en una dinámica de dominador-dominado. Si debes negociar algo que te gustaría que sea de otro modo, necesitas estar dispuesto a aceptar una respuesta negativa. Existe la posibilidad de que la otra parte diga que no y que tengas que insistir. De igual forma, necesitas animarte a decir que no y a sostenerlo en el tiempo para alcanzar un acuerdo. Si bien las discusiones son normales e inevitables, por el hecho de que somos distintos unos de otros, para negociar es importante tener en claro cuál es nuestro deseo y que todos tenemos el derecho de desear algo. A veces, naturalizamos y soportamos situaciones porque no nos atrevemos a acercarnos al otro y reconocer que no hay alguien superior y alguien inferior, que todos tenemos los mismos derechos.

¿Qué tipos de acuerdos posibles existen? Hay tres tipos de acuerdo: coalición, triangulación y alianza. Dos de estos acuerdos son negativos, mientras que uno es un acuerdo nutritivo. Hay dos acuerdos en los que no deberíamos entrar. Te invito a analizar los tres casos.

1. Coalición

En este tipo de acuerdo dos personas se unen para destruir a otra. Por ejemplo, Pilatos y Herodes se odiaban, pero se hicieron amigos para destruir a Jesús. Cuando alguien viene a buscar un acuerdo contigo para lastimar a otro, no acuerdes. Cuando alguien venga a hablarte mal de otro, no acuerdes. No hagas acuerdo con lo malo. El lema de la gente que hace coaliciones es: "El enemigo de mi enemigo es mi amigo". ¿Por qué alguien se une con una persona para destruir a otra? Porque le tiene envidia y siente que carece de la capacidad para enfrentar a ese enemigo. Entonces busca aliados. Cuanto más fuerte sea la persona que desea destruir, más aliados tendrá. En la coalición, alguien viene a buscarte.

2. *Triangulación*

La triangulación es uno en el medio de otros dos. Este tipo de acuerdos es muy común cuando una pareja se separa y coloca a los hijos en el medio. "¿Qué está haciendo tu mamá? ¿Qué está haciendo tu papá? ¿A quién quieres más: a mamá o a papá?", preguntan los padres. Aquel que viene a ti con un chisme para introducirte en una batalla no lo hace para compartirte la injusticia de su dolor, sino porque le produce enojo el hecho de verte tan bien. Por eso, no te entrometas ni hagas pacto o acuerdo allí donde no eres parte.

3. *Alianza*

¿Qué es una alianza? Unirse para construir un proyecto o establecer una meta que se desea alcanzar. Dos se ponen de acuerdo para que algo bueno venga a sus vidas. Cuando nos ponemos de acuerdo, llega aquello que estábamos esperando. Si necesitas ponerte de acuerdo con ese otro, en lugar de subir a tus redes sociales lo que te hicieron, de pelearte o de quejarte, llámalo o envíale un mensaje diciendo: "Quiero que nos pongamos de acuerdo en esto". Cuando nos ponemos de acuerdo, todo es más saludable y nutritivo "para ti y para mí".

Comparto algunas ideas para ponernos de acuerdo en la pareja o con los amigos:

No insistir

"Yo tengo razón y tú estás equivocado", expresan algunos. ¿Cuál es la lógica más frecuente cuando uno disiente con alguien? Voy a insistir, a presionar, hasta que me diga que yo tengo razón y que él o ella está equivocado/a. Lo cierto es que, cuanto más insisto en que tengo razón, el otro levanta más su escudo y dice: "¿Ah, sí? Ahora te voy a demostrar que yo tengo razón y que tú estás equivocado". Entonces la otra parte comienza a insistir. Cuando dejamos de insistir o presionar al otro con nuestro punto de vista, hay más probabilidad de que nos escuche y reflexione. Dicha actitud es como darle permiso al otro para tener su propia opinión. De esta manera, el otro "yo" se siente valorado y puede cuestionar su punto de vista.

Evitar decir: "No estoy de acuerdo"

Cuando disentimos en la pareja o con los amigos, nunca deberíamos entrar en la lógica de que "yo tengo razón y tú estás equivocado/a". Jamás se debe usar la frase: "No estoy de acuerdo". Si estás charlando con alguien y le dices: "No estoy de acuerdo", ¿qué lograrás que el otro responda? "Yo tampoco estoy

> *Estoy en desacuerdo con lo que dices, pero defenderé hasta la muerte tu derecho a decirlo.*
> **Evelyn B. Hall**

de acuerdo". Así ambos habrán levantado un muro que no les permitirá acordar.

No insultar

Es muy importante nunca insultar cuando estamos debatiendo o discutiendo.

No discutir en público

Nunca se debe tener discusiones delante de otras personas. Si discuto con mi pareja delante de los demás, mis amigos, por ejemplo, la otra parte no querrá resolver el problema, sino cuidar su estima herida delante de la gente.

No discutir varios temas juntos

No es conveniente tratar más de un tema a la vez. Lo ideal es enfocarse en un solo tema a resolver.

Buscar el mejor momento para hablar

Siempre tenemos que buscar el momento adecuado para hablar. Nunca debería ser cuando nos estamos yendo. Tampoco cuando llegamos a casa a la noche y estamos cansados, o cuando tenemos solo escasos minutos para hablar. Para tratar algún tema importante, nunca detengas a alguien de pie en un pasillo para conversarlo.

Escuchar empáticamente

Además de procurar el mejor momento para hablar, debemos lograr algo que a todos los seres humanos nos cuesta: la escucha empática. No es fácil, obviamente; pero, si logro escuchar el punto de vista del otro y empatizar (entender por qué lo ve de esa manera), es probable que esa persona me devuelva también un poco de escucha. Practiquemos escuchar sin defendernos.

> *Si ayudo a una sola persona a tener esperanza, no habré vivido en vano.*
> **Martin L. King**

Cuidar el vínculo

Y siempre, siempre, siempre tenemos que cuidar el vínculo. ¿Qué les ocurre a las parejas que se quiebran? ¿Cómo empieza a deteriorarse una relación que acaba quebrada? Por un desacuerdo... más otro desacuerdo... más otro desacuerdo... más otro desacuerdo. Esa acumulación generó una distancia emocional y ambos fueron reprimiendo su ira. Entonces uno se fue alejando del otro hasta que la pareja se quebró por completo. Tenemos que "volar" por arriba de los desacuerdos y dejar de ver a nuestra pareja, a nuestro amigo o a quien sea como a un adversario al que necesitamos convencer. Escojamos verlo como a un socio a quien le

> *La belleza es un acuerdo entre el contenido y la forma.*
> **Henrik J. Ibsen**

planteamos algo así: "Bueno, tu posición no me sirve y mi posición no te sirve. ¿Por qué no buscamos algo que nos resulte útil a los dos?". De esta forma, salimos de la lógica de "yo tengo razón y tú estás equivocado" para construir una nueva posición duradera y nutritiva para ambos.

CAPÍTULO 6
El "yo transparente"

Ser auténticos

Nuestro "yo transparente" consiste en mostrarnos tal como somos, sin poses, sin deseo de impactar a nadie, sin mentiras, sin narcisismo, sin máscaras. Lo cierto es que, cuando nos colocamos una máscara, con el tiempo, necesitamos más y más máscaras para desempeñar el rol que pretendemos que quienes nos rodean vean de nosotros mismos. Tenemos pánico de mostrarnos tal cual somos y, a veces, incluso podemos caer en el ridículo sin darnos cuenta. Quien usa una máscara no puede de ninguna manera ser auténtico.

Ser auténtico es actuar conforme a un original.
Es reflejar lo verdadero.

El verdadero cambio tiene lugar cuando tomamos la decisión de quitarnos las máscaras y comenzamos a mostrarnos tal cual somos, con nuestros puntos fuertes y débiles, sin miedo a ser rechazados. Es entonces cuando toda esa energía que empleamos durante mucho tiempo para fingir ser quienes no somos, ahora podemos aplicarla en trabajar para alcanzar nuestros sueños.

> *Ser uno mismo en un mundo que constantemente trata de que no lo seas, es el mayor de los logros.*
> **Ralph W. Emerson**

¿Quién puede decidir su propio estado de ánimo? Uno mismo. ¿Quién puede decidir ser feliz? Uno mismo. Son decisiones personales que se encuentran en nuestras manos. Nacemos con libre albedrío, es decir, con la capacidad de elegir lo que deseamos o rechazamos para nuestra vida. Nacemos para ser libres y disfrutar de todo. Por eso, también depende de nosotros la decisión de no vivir más con máscaras propias, ni aceptar ser atrapados por máscaras ajenas. Es nuestra decisión ser personas nutritivas y tratar así a los demás.

Todos tenemos un aspecto diplomático o protocolar. Usamos determinado lenguaje que es editado o pensado, con el fin de no lastimar al otro. Si alguien nos pregunta: "¿Cómo me queda este vestido?", no le decimos: "Te queda horrible"; sino que respondemos: "El otro te queda mejor". Porque procuramos no herir a la persona. Esto es parte del código social que nos permite no ser groseros ni justificarnos: "Yo soy así y digo lo que pienso".

La autenticidad, o sinceridad, aporta a la construcción de la confianza. Los seres humanos buscamos confiar en los demás y esto se expresa a través de la autenticidad que dice: "Eres sincero para mí". Dicha actitud hace que nos mostremos "íntegros" (de una sola pieza), que compartamos nuestras cartas, que nos movamos con la verdad. Es por ello que no decimos todo lo que nos viene a la mente, sino que editamos las palabras para que le hagan bien al otro y no lo lastimen. Esto es una transparencia genuina.

Ser transparente es ser visto tal como uno es. Yo puedo comentar que estoy nervioso o triste, que sé algo, que tengo dudas, ideas, etc. Es decir, puedo mostrar mis fortalezas y mis debilidades. La verdad es mi lema. Entonces, soy capaz de comunicar cómo me siento y cómo pienso. No significa decirlo todo, sino solo lo que uno piensa y siente en ese momento, y hacerlo sin temor ni exageración. La sinceridad no lastima ni hiere a quien la recibe. Vivir sin máscaras y sin desear obtener algo del otro genera claridad. Sana al otro y nos sana a nosotros mismos de tener que sostener una pose de "conocimiento", "dinero", etc.

¡Qué alivio produce andar por la vida sin cargas y sin máscaras!

Hoy sabemos que las personas auténticas tienden a ser más felices, poseen una mejor autoestima y cultivan buenas relaciones interpersonales.

> *Solo en un mundo de hombres sinceros es posible la unión.*
> **Thomas Carlyle**

Así, transmitimos ideas que "vivimos" y en las cuales creemos. Esta manera de vivir, que consiste en ser congruentes con lo que damos y hacemos, siempre es sanadora. A todos nos gusta la gente que "lo que dice es lo que vive y lo que vive es lo que dice". Permitirle al otro actuar así también es fundamental. No queremos imponer, persuadir, sermonear, convencer o presionar. ¡Solo compartir! "Esta es mi experiencia, esto es lo que creo, así soy yo. Permito que tú te me reveles y yo soy revelado a ti". Es hablar con el corazón en la mano. Esto no significa hablar todo, sino hacerlo con autenticidad.

El vocablo "sincero" viene del latín y significa "sin cera". En tiempos antiguos, las vasijas de porcelana, a menudo, desarrollaban unas pequeñas rajaduras al ser expuestas al fuego. Por eso, las cubrían con cera para que no se notara. Pero, cuando les echaban agua caliente, ¡se quemaba la cera! De allí que los mercaderes honestos escribían dentro de la vasija: "sin cera". Es decir, de una sola pieza, sin rajaduras o motivos ocultos.

> *La única cosa que te hará feliz es ser feliz con lo que eres y no con lo que la gente cree que eres.*
> **Goldie Hawn**

La única manera de revelar nuestro verdadero yo es identificar las máscaras que no nos dejan confiar en nosotros mismos. Busca ayuda, si es necesario, pero suelta y sana todo lo que te impida levantar vuelo y ser feliz.

Los yos falsos

Los "yos falsos" son todo aquello que creo que soy, pero que en realidad no soy. Son aquellos que rodean a mi "yo verdadero". Todas estas identidades falsas fueron colocadas sobre mí por la gente y buscarán siempre la aprobación externa, es decir, reafirmarse y crecer a través de los demás. Su fuente de validación es la gente. Pero mis "yos falsos" no son mi "yo verdadero"; entonces, mi trabajo personal implicará despojarme de ellos para que salga a la luz quien verdaderamente soy. Frente a ciertos hechos traumáticos, el yo emplea mecanismos para defenderse y refugiarse que se conocen como "yos falsos".

¿Cuál es la reacción de nuestro yo ante un problema que, en apariencia, no tiene salida?

Genera síntomas y construye un alto muro para protegerse y no sufrir a nivel emocional, con todo lo que ello implica. Dicho muro puede ser una posición frente a los demás, como creerse superior o colocarse en el papel de víctima. También pueden ser ciertas acciones, como tener un empleo o seguir un estudio muy demandante. En algunos casos, puede tratarse del consumo de drogas o alcohol, o cualquier otro tipo de adicción.

Por ejemplo, cuando me muestro como víctima, esa actitud (un "yo falso") no es mi "yo verdadero", y actuará intentando provocar lástima y sufrir: "fui abandonado", "pobrecito de mí". La razón es que busca la aprobación de la gente ("ámenme, miren como sufrí en la vida"). Ese no es, de ninguna manera, el "verdadero yo".

Un yo violento es un "yo falso" que se construyó a través de la gente y está en busca de que los demás sientan miedo. Está expresando: "Yo soy poderoso y te puedo destruir". Pero no es el "yo verdadero". Asimismo, un yo ansioso o uno perfeccionista van detrás de la aprobación de la gente. Todos los "yos falsos" necesitan de otras personas para reafirmarse.

Cuando hay uno o varios "yos falsos", surge un "yo aprendido" con el que funcionamos en todos los lugares donde nos movemos. Se trata de un personaje creado que está muy lejos de nuestra verdadera identidad. En la mayoría de los casos, este yo diferente es todo lo opuesto a las experiencias que tuvimos en la infancia y que dejaron una huella negativa en nosotros.

Todos tenemos "yos falsos" que se formaron dentro de nosotros por la manera en la que fuimos tratados en el pasado. Quiero decir que, según cómo me trataron a mí, construyo mi "yo falso" y así será la forma en la que voy a tratar a los demás. Cómo yo trato a los demás revela cómo fui tratado antes.

Vivimos una época de conflictos interpersonales: padres-hijos, compañeros, hermanos y demás familiares. Cuando alguien me trata mal, puedo saber cómo lo trataron a él o a ella; cuando alguien me critica, me está haciendo saber que también lo criticaron; cuando alguien me agrede o se burla de mí, me está haciendo saber que otro lo agredió o se burló de él o ella.

Cuando alguien se queje porque no lo saludaste, no te involucres porque la persona te está dando información de cómo se sintió maltratada por sus padres y está repitiendo lo que experimentó, al tratarte de la misma manera. Está diciendo: "Quiero que conozcas activamente lo que yo sufrí pasivamente; quiero que sientas en carne propia lo que yo sentí en el pasado." Una persona que te quiere "aplastar" en el trabajo te está mostrando que también fue aplastada por otro en el pasado.

Seguramente alguna vez alguien nos maltrató y eso no nos afectó. Por eso, si algo te molesta del otro es porque activó un "yo falso" en ti. Si sientes algo malo por alguien, antes de pelear, analiza qué es lo que esa persona está activando en ti, qué trato del pasado se está repitiendo, porque ese yo no debe existir más.

En resumen, veamos algunos ejemplos de los "yos aprendidos":

- Alguien con baja autoestima que sufrió descalificaciones y humillaciones en la infancia.

- Alguien desconfiado con rasgos paranoicos que escuchó dobles mensajes de chico y aprendió que "el mundo es un lugar peligroso".

- Alguien psicópata que fue castigado frecuentemente y a quien no le fijaron límites en la niñez.

Jamás se deben justificar las acciones negativas de nadie, pero saber por qué la persona hace lo que hace nos permite comprenderla y entender que toda máscara oculta detrás de sí las siguientes dos emociones:

1. *Temor a ser rechazado*

Algunas personas fueron rechazados cuando estaban en el vientre de su mamá. Dicha emoción las hirió al punto de afectar su mundo emocional, razón por la cual no serán capaces de fluir en la vida y disfrutar relaciones interpersonales saludables. Esto se puede revertir cuando nos hacemos conscientes y trabajamos para sanarnos.

2. *Falta de seguridad interna*

Alguien inseguro ha sido descalificado por sus primeros cuidadores. Por lo general, padres heridos y temerosos transforman la descalificación en un estilo de vida. La palabra "cuidado" es la que más ha oído en casa una persona que carece de seguridad interna. Como resultado, vivirá defendiéndose de los demás y a la espera de que siempre le ocurra algo negativo. Cuando somos inseguros, nuestro potencial se encuentra bloqueado.

> *Los desafíos hacen la vida interesante y superarlos hace la vida significativa.*
> **Joshua J. Marine**

Ahora bien, ¿qué debemos hacer para despojarnos de los "yos falsos" y que nuestro "yo verdadero" logre surgir?

Cuando alguien nos siembra una palabra de aliento, nutritiva, nos está activando el espíritu. Cuando nos tratan bien, nos están ayudando a que emerja nuestro "verdadero yo" y desaparezcan los "yos falsos". Amar y reproducir en otros la manera en la que queremos ser tratados nos permite liberarnos de las máscaras.

Entonces, cuando aparece tu "yo ideal", cuando nace tu "yo verdadero", puedes tener sueños más grandes que la situación en la que hoy te encuentras. El que tiene miedo de hacer siempre termina haciendo muy poco. Si Miguel Ángel hubiese pintado el mural de la Capilla Sixtina en el piso en vez de en el techo, su obra ya no existiría porque la habría desgastado la gente al pisarla. Tu "yo auténtico" te permite soñar en grande, cosas que parecen imposibles, para que la gente las pueda ver, para que se mantengan arriba y no se desgasten con el paso de los años.

Yo marco mi rumbo

Supongamos que subes a un ascensor donde hay otras cuatro personas, pero no marcas el piso al que te diriges. ¿Qué crees que sucederá? El ascensor irá hacia el piso que esté marcado; luego al piso siguiente, y así subirá y bajará deteniéndose en cada piso que marquen las sucesivas personas que tomen el ascensor. Si no marcas tu piso, serás llevado de arriba a abajo donde otros (no tú) decidieron ir.

El inconveniente lo tienes tú, no los demás, por no haber marcado el piso al que

Si nos sentimos seguros en lo más profundo de nuestro corazón, no nos opondremos a nadie, porque la confianza interna es la absoluta satisfacción.

Sri Chinmoy

deseabas ir. Lo mismo sucede en la vida. Necesitamos estar bien parados, con seguridad y firmeza, en aquello que anhelamos y saber con certeza hacia dónde nos dirigimos. Esta actitud se denomina *asertividad*. Alguien asertivo jamás se enfoca en otras personas ni se compara con ellas. Solo se dedica a superarse a sí mismo cada día un poco más.

Quien compite con la gente precisa la aprobación externa; quien compite consigo procura alcanzar lo mejor para su vida.

No pretendas ser el número uno, sino superarte a ti mismo, lo cual implica alcanzar tu mejor versión para hacer de este mundo un lugar donde tenga sentido vivir.

Cómo establecer mi territorio

Practicar decir que sí con firmeza

Debemos perseguir, y tomar, las oportunidades que la vida nos ofrece. Algunos agradecen por la oportunidad que otros les dan; pero lo cierto es que una oportunidad no se entrega, sino que tiene que ser ganada. Hoy, más que nunca, necesitamos practicar la obtención de nuestro propio lugar en el mundo: el empleo, el aumento, la casa o la carrera que deseamos. ¿Cómo se logra esto? Superándonos a nosotros mismos, con esfuerzo y perseverancia. ¿Tienes el deseo de ser cada día un poco mejor?

Practicar decir que no con calma

Para avanzar en la vida, es fundamental saber responder negativamente toda vez que sea necesario. Pero sin volcar allí emoción alguna. Es decir, utilizando un tono y una postura neutros. Decir que no con enojo solo insta a nuestro interlocutor a discutir, lo cual no es el fin que perseguimos.

Cuando yo determino establecer mi territorio, marco una senda a transitar. Decidir me brinda paz y seguridad. Es importante tomarse tiempo para descubrir qué deseo y qué no deseo en cada área de mi vida. Solo así puedo ser gente de éxito en todo lo que haga. Porque, cuando uno sabe adónde se dirige, es capaz de decirle "sí" a lo bueno y "no" a lo malo, con el convencimiento de que esas elecciones son lo mejor para caminar y superar obstáculos, hasta llegar a la cima.

La única manera de revelar nuestro "verdadero yo" es identificar las máscaras que no nos habilitan a confiar en nosotros mismos. Solo cuando uno decide quitársela y dejar de utilizarla, es cuando se atreve a mostrarse al mundo tal cual es.

CAPÍTULO 7

Radar de empatía

Somos puentes: "sintonizo con el otro"

Los puentes entre las personas se construyen con empatía. La empatía, como ya explicamos, es un vínculo que nos permite ponernos en el lugar del otro y comprender lo que siente. Tener empatía es sintonizar con el otro. Cualquier grupo reducido, como la familia o un equipo pequeño de trabajadores, se lidera con empatía. Todos necesitamos, además de lo que sabemos hacer, saber relacionarnos con los demás y a esto lo llamamos inteligencia emocional. La inteligencia emocional es la suma de dos inteligencias: la intrapersonal —la capacidad de conocerme a mí mismo, de conocer mis fortalezas y debilidades— y la interpersonal —la capacidad de empatizar, de llevarme bien y de conectar con el otro—. La empatía, el "ponerse en el lugar" del otro, es un verdadero entrenamiento y da origen a una relación afectiva que genera una alianza. Este es un factor necesario para relacionarnos

> *El que desea asegurar el bien de los demás, ya ha asegurado el bien propio.*
> Confucio

eficazmente e interactuar con los demás sin conflictos.

Recordemos que, en todo trabajo, a uno lo contratan por su capacidad, pero lo despiden por su carácter. Y no llega el que más sabe, sino el que mejor sabe relacionarse con los demás. Por esa razón, es fundamental que aprendamos a empatizar.

Los seres humanos somos gregarios, nos relacionamos unos con otros, por lo que tendemos a ser empáticos. Todos nacemos con la capacidad de ver el mundo como lo hacen los demás. Aun así, es importante que los padres les enseñemos a nuestros hijos a desarrollar la empatía desde niños.

Resulta poderoso escuchar a alguien y devolverle en espejo una frase como: "Tú me estás diciendo que te sientes mal porque estás encerrado en tu casa", lo cual significa: "Te comprendo". El solo hecho de repetirle al otro lo que nos dijo hace que se sienta comprendido. Es por ello que la empatía es el corazón de la inteligencia emocional, pues es la capacidad de ponernos en los zapatos del otro para comprender por qué piensa lo que piensa, siente lo que siente y reacciona como reacciona. Solo así somos capaces de disfrutar relaciones interpersonales sanas, ya sea que se trate de la pareja, la familia, el trabajo o la vida social.

La empatía no es sufrir con el otro; eso es pseudoempatía o exceso de empatía.

Empatía es: una parte mía siente tu dolor, pero otra parte mía no lo siente porque está pensando cómo hacer para ayudarte.

Felizmente este concepto va cobrando cada vez más fuerza en la sociedad. Todos sabemos qué significa "ponerse en los zapatos del otro". El término "empatía" en griego es literalmente "sentir en" o "sentir adentro". Esta habilidad se cultiva y se desarrolla conscientemente. Aprendo a percibir lo que siente el otro. Es todo un entrenamiento "sintonizar con" el otro.

La gente que roba, miente o engaña tiene un bajo nivel de empatía. ¿Por qué? Porque quien es empático nunca le haría a los demás lo que no le gustaría que le hicieran a él o ella. Se sabe que, cuando una persona aumenta su empatía, su individualismo disminuye. La empatía es un elemento necesario para conectar unos con otros.

¿Cómo evitar que nos dañen cuando mostramos empatía? Comparto tres ideas al respecto:

- Hay que ayudar a los demás como pares, sin colocarnos por encima ni por debajo.

- Hay que limitar la ayuda a una o dos veces como máximo. Esto evita que se cree una codependencia.

- Hay que colocarle una fecha de vencimiento al éxito, lo cual nos brinda empatía para ver mejor.

> *Tengo miedo de herir el corazón de alguien. ¿Por qué? Porque sé cómo duele.*
> Antoine de Saint-Exupéry

Muchas veces las experiencias difíciles que atravesamos nos permiten comprender a quienes han pasado por lo mismo y antes solíamos juzgar. Recién cuando vivimos las mismas circunstancias que otra persona, somos capaces de ver la cuestión desde otra perspectiva (con empatía). Por ejemplo, algunos juzgan el divorcio de una pareja... hasta que se divorcian y comprenden lo que significa estar en esa situación.

Practiquemos a diario la empatía en nuestra vida, seamos constructores de puentes, no de muros, y busquemos siempre "el oro" (lo mejor) en los demás.

Tipos de empatía

Existen dos tipos de empatía: una cognitiva y una afectiva.

a. Empatía cognitiva
Es mirar desde el punto de vista del otro para comprender. Es una comprensión racional.

b. Empatía afectiva o compasiva
Es acompañar al otro en sus sentimientos.

No alcanza con comprender algo, si uno no es capaz de transmitirlo. Es en este punto en el que se produce la

empatía completa. El otro se da cuenta de que lo enten-
dimos. Es decir, que percibo algo que viene del otro y
se lo expreso (un ida y vuelta).

En una oportunidad, du-
rante un programa de televisión, le pedimos a una pareja
que intercambiaran sus zapatos y caminaran cada uno con

De lo que no te das cuenta es de que el mundo no necesita más perfección. Necesita más compasión y empatía.

Tessa Dare

los zapatos del otro. Luego, les pedimos que expresaran
cómo se habían sentido al respecto. Fue sorprendente
cómo un ejercicio así les evocó muchas cosas que lograron entender del otro. Esta simple actividad les permi-
tió pensar y "meterse en" la cabeza de su pareja.

- La antipatía es: "Me generas malestar".
- La simpatía es: "Te quiero agradar".
- La apatía es: "No siento nada por ti".
- La empatía es: "Siento contigo".

En la simpatía, parto de mí para agradar al otro. En
cambio, en la empatía, parto del otro, de lo que siente
y viene a mí. Hay un compromiso y deseo de entender
qué le sucede al otro.

Sabemos que, cuanta más empatía, menos maldad.
Cuanta menos empatía tiene alguien, más puede lastimar a otros. No le importará lo que les suceda a los
demás. En cambio, quien tiene altos niveles de empatía
no le hará a ninguna persona aquello que no desea para
su propia vida.

111

Miremos algunos ejemplos de lo que sería baja empatía en situaciones particulares:

a. En lo personal

Solo hablo de mí, siempre hablo yo: La comunicación es un espacio de ida y vuelta de la información. El narcisista habla de sí mismo porque no le importa el otro.

Siempre le digo lo que pienso al otro: "Yo, en tu lugar, haría esto y aquello", en lugar de esperar que mi interlocutor me cuente cuál es su problema y cómo desea que lo ayude. Ser empático es permitirle al otro expresarse.

Alguien dice algo y enseguida doy mi opinión. Solemos decir: "Bueno, yo pienso esto, pero ahora que estoy acá pienso otra cosa". Las personas muchas veces hablamos y opinamos de lo que no conocemos sobre la vida de los demás. Sin darnos cuenta, les otorgamos a otros una voz, un valor y una estima que no merecen.

Siento que nadie en el mundo me entiende: Aquí la persona tiene poca capacidad de reflexión sobre lo que le sucede porque el problema es "suyo".

A mí, nadie me entiende en esta casa: El problema aquí soy "yo". Si los demás no logran comprender mis emociones o mi estado de ánimo, necesito cambiar mi manera de comunicarme.

b. *En lo grupal*

Todos se quejan del líder: Sienten que no tiene empatía y no considera a los demás.

Un líder es alguien que conoce el camino, anda el camino y muestra el camino.

John C. Maxwell

Me muevo solo: A menor empatía, mayor individualismo. Aquí no hay equipo.

Soy antipático en el grupo: Esto tiene lugar cuando lo individual pesa más que lo grupal.

Yo hago lo que a mí me gusta por sobre los demás. No tiene empatía por la gente porque el otro no existe. Uno de sus lemas es: "Solo yo existo". Cuando busca a alguien, es con la intención de sacarle algún provecho. No espera el aplauso de los demás porque no le interesan en absoluto.

¿Cómo motivamos a un grupo grande de gente? A través de los sueños y las metas a alcanzar. ¿Cómo motivamos a un grupo pequeño de gente? A través de la empatía.

c. *En la pareja*

Me enamoré, pero no hablo con él o ella, ni me interesa si me ama o no; amo y punto: La persona se enamoró de su enamoramiento. Le gusta el aspecto del otro, pero no tiene empatía. No existe una construcción del vínculo afectivo. Nadie puede enamorarse de alguien con quien nunca ha hablado. En este caso, se pone de manifiesto el deseo de enamorarse.

Te amo y te odio: Te amo porque me enamoré de lo que yo proyecto en ti; pero te odio porque no correspondiste a todo eso y me muestras que no eres todo lo que imaginé ni satisfaces mis necesidades. No puedo evitar darme cuenta de que no estás a la altura de mi proyección.

Me dejó y no sé por qué, salimos solo tres veces: En cada nueva salida, el interés de él disminuía, pero ella no registró lo que estaba ocurriendo. Ella consideró que las tres salidas fueron buenas. Aquí el deseo de ella superó su realidad empática. Tres no es malo, pero no es tan bueno como para ser cuatro o cinco.

Tienes que hablarme ahora; te lo exijo: Esto ocurre, por ejemplo, en la pareja donde hay un intento de diálogo y de compartir cosas, pero, como existen muchas cuestiones personales y pocas en común, la empatía es baja. Es, en realidad, una mezcla de amistad y amor.

A los demás les falta amor: Esta frase suele estar en boca de aquellos que demandan empatía de otros. Sin embargo, son las personas que menos empatía tienen. Esa es la razón por la que la exigen de los demás.

Imaginemos que una persona se cae en un pozo. Entonces, viene otra que siente el dolor del caído y se arroja al pozo. Luego aparece alguien que ve a los otros dos en el pozo y trae una escalera para ayudarlos a salir. Este último demuestra empatía. ¿Cómo funciona la empatía? Arrojarse al pozo es "exceso de empatía"; ir y traer una escalera o una soga para brindar ayuda es "empatía operativa"; mientras que seguir de largo es "empatía baja o nula".

La ley del camión de basura

Todos tendemos a juzgar a otros. Pero esto cambia cuando experimentamos exactamente lo mismo que aquel al que antes juzgamos. Es entonces cuando nos volvemos comprensivos y empezamos a considerar la cuestión desde otro ángulo.

¿Cuál es la razón por la que nos colocamos en el rol de juez? Casi siempre, esto sucede porque perseguimos alguno de estos fines de manera inconsciente:

1. No quedar involucrados

Cuando tememos que la gente se entere de nuestras debilidades, solemos juzgar y exponer a alguien más. Por ese motivo, nos enfocamos en los errores ajenos y criticamos las vidas de otros, en lugar de ocuparnos de nuestra propia existencia.

> *Las críticas no son otra cosa que orgullo disimulado. Un alma sincera para consigo misma nunca se rebajará a la crítica. La crítica es el cáncer del corazón.*
> **Madre Teresa de Calcuta**

2. Transmitir un mensaje claro

Cuando nos creemos mejores que los demás, procuramos transmitirles esta idea. A veces, la crítica y la descalificación surgen por contraste. ¿Qué quiere decir esto? Que le atribuimos a alguien rasgos negativos para que los demás nos vean a nosotros como "los buenos de la película". Nos definimos comparándonos con otro porque tenemos baja estima y somos incapaces de ver nuestro valor como seres humanos.

3. Jugar al "amo y el esclavo"

Cuando vivimos juzgando y castigando a la gente, se trate de un conocido o de un desconocido, solemos terminar solos. A nadie le gusta que anulen su voluntad. Condenar las equivocaciones ajenas solo logra que los demás las mantengan ocultas y se aparten de nosotros. Lo ideal es aprender del error para crecer y avanzar. Pero quien carece de empatía no nos permite reaccionar de esta manera.

¿Cómo tratar a aquel que se erige en juez de los demás? Mostrándole empatía para poder comprender por qué actúa así. Reaccionar del mismo modo únicamente mantiene una rueda girando, de la que nos será imposible salir. Y, para colmo, corremos el riesgo de generar una situación de violencia.

El periodista David J. Pollay aconseja recurrir a la "la ley del camión de basura". Esta consiste en tener en claro que ningún ser humano debería funcionar como tal

y juntar la basura de los demás. Hay gente que va por la vida buscando quien "se lleve su basura" mediante emociones negativas como la ira, la frustración, el rencor y la desilusión. Si lo permiti- mos, lo harán con reacciones

> *Hay velas que lo alumbran todo, menos su propio candelabro.*
> **Friedrich Hebbe**

negativas, juicios, condenas y otras acciones semejan-
tes. En cambio, cuando reaccionamos exactamente de la manera opuesta, con amabilidad, solo les ofrecemos dos alternativas: darse por vencidos o depositar su basura en otra parte.

Beneficios de la empatía

El ser humano es resiliente por naturaleza y, si a ello le sumamos el desarrollo voluntario de ciertas características positivas como el humor, la empatía y la autoes-
tima, el proceso de superación de la adversidad, que a veces adquiere ribetes de tragedia, será mucho más breve y menos traumático.

¿Cuáles son sus beneficios?

Motiva a la gente

Pregúntale siempre a tu gente qué cosas le gustan, le interesan; de esa manera, podrás decidir cómo motivar-
la (por ejemplo, a través del fútbol, la música, la cocina). El buen trato es un gran motivador. Siempre encárgate

de crear una atmósfera positiva. Un saludo, un llamado, un abrazo, recordar algo de la familia y preguntar son todos actos que nos colocan en el lugar del otro y elevan su vida. Lo importante es aprender a transmitir el estímulo de manera tal que la motivación llegue y el mensaje recibido sea el correcto.

Todo lo que puedes usar en beneficio de los demás es "tu semilla", aquello que siembras en otras personas. Y todo lo que te beneficia es "tu cosecha", aquello que recibirás, tarde o temprano, por haber sembrado previamente. ¡Vale la pena ser un gran motivador!

Trae resultados

Cuando la persona piensa que lo que hace es "una nota en el gran pentagrama musical", que es parte del engranaje de una maquinaria, y siente orgullo sano por lo que hace (lo cual, en realidad, no es orgullo, sino una estima saludable), obtiene resultados en todo lo que realiza.

Mejora las relaciones interpersonales

Cada vez que nos relacionamos con nuestra pareja, nuestros amigos o nuestros compañeros y expresamos lo que sentimos, podemos comprometernos y nos convertimos en personas accesibles. No solo nos permitimos expresar nuestras emociones, sino que además permitimos que el otro exprese las suyas. Así, estaremos generando un vínculo nutritivo y empático. En un vínculo de este tipo, no soy ni omnipotente —no necesito de nadie porque todos nos necesitamos— ni tampoco impotente —necesito de todo el mundo para ser feliz—. Es decir, que habrá cosas que yo necesite y podré decirlas y pedirlas; pero también habrá cosas que podré hacer solo, pues soy autónomo. Un vínculo nutritivo posee un balance empático saludable.

La empatía es una reacción frente a las necesidades ajenas; un modelador de la conducta social que hace que la violencia disminuya y la solidaridad se incremente. Por eso mismo, el lazo de confianza y estímulo generado por ella permite el desarrollo del vínculo con el otro de una manera nutritiva. La empatía es una de las cualidades de la gente nutritiva.

Capítulo 8

Te acepto como eres: la mirada amorosa

Una mirada nutritiva

La persona nutritiva no me regaña por mis errores, sino que escucha y me da su opinión (si se la pido). No se ubica en el rol de "maestro" ni "juez" ni "indiferente". Genera fiabilidad, pues transmite siempre este mensaje: "No te lastimaré. Te acepto por ser quien eres, una vida, una persona humana, un ser vivo".

Ahora, aceptar no significa compartir cómo el otro piensa o actúa. Si yo valoro a alguien, es porque valoro la vida humana.

Estar interesado en las personas permite construir
y disfrutar vínculos sanos, generadores de recuerdos que
todos llevarán en sus corazones eternamente.

En una entrevista hecha a Daniel Goleman, profesor de la Universidad de Harvard, le consultan sobre la manera adecuada de relacionarse con alguien, de mantener el ritmo del intercambio, de charlar, de ser empático, y también de gestionar las emociones personales al vincularnos con el otro. Frente a estos interrogantes, el psiquiatra estadounidense responde que todo esto nos provee el fundamento esencial para una vida social competente. Según el experto, "con la inteligencia social, las relaciones en sí mismas adquieren un nuevo significado, por lo cual, se deberá pensar en ellas de modo radicalmente diferente, para que resulten benéficas ante aquellos con quienes nos relacionamos. Me refiero a procurar una vida social competente, lo cual incluye percibir de manera instantánea el estado interior de otra persona, comprender sus sentimientos y pensamientos con empatía, sentir con el otro, leer las señales emocionales no verbales, así como escuchar con absoluta receptividad, armonizar con una persona, comprender los pensamientos, los sentimientos y las intenciones de nuestros semejantes", comenta el también editor de la sección de Neurociencias en el periódico estadounidense *The New York Times*.[14]

La persona nutritiva considera las emociones del otro. Sabe que todos tenemos aspectos buenos y funcionamos mejor cuando somos animados. Cuando uno hace sentir bien al otro, esa persona nos devuelve lo mismo. La gente no nos conoce por cómo somos, sino por cómo se siente al estar con nosotros. Por eso, es tan

---

14 Fuente: *Vanguardia*, *El Universal*. Aportado por Eduardo J. Carletti.

importante la mirada que cada ser humano tiene de sí mismo, como así también la mirada que recibe del otro. La mirada habla y la persona percibe en esa acción que el otro está con ella: "Sé que estás conmigo". Es por ello que los poetas hablan tanto del brillo de la mirada. Y todos conocemos la mirada de "estar presente". Aun los jugadores de fútbol, en la cancha, se gritan unos a otros: "¡Mírame!".

Existen distintos tipos de miradas:

a) La mirada amorosa

Esta consiste en mirar al otro por unos segundos transmitiéndole amor. ¡Todos nos damos cuenta cuando eso sucede! La mirada amorosa es una mirada de reconocimiento, y quien conecta con ella se siente cercano.

b) La mirada condenatoria

Esta mirada nos llena de vergüenza, nos mueve a desviar la vista, lo cual implica que miramos hacia abajo y hacia otro lado. La vergüenza es una emoción social que tiene que ver con la evaluación de los demás. Todos construimos una imagen social delante de los otros. ¿Para qué lo hacemos? Para ser aceptados, porque es una necesidad de todo ser humano. Todos necesitamos

> *No te avergüences de ninguna pregunta, si es sincera. Generalmente son las respuestas las más acreedoras de vergüenza.*
> **Mario Benedetti**

125

la aceptación social. A todos nos importa "qué van a pensar de mí". ¿Qué es la vergüenza? Es creer: "No voy a ser aceptado socialmente". ¿Por qué una persona va a un grupo, siente vergüenza y no habla? Porque tiene miedo de que los miembros del grupo no la acepten. Pero si ellos la abrazan y le dicen: "Ven, cuéntanos cómo estás", desaparece la timidez debido a que tuvo lugar la aceptación social.

c) La mirada maternal

La primera aprobación que esperamos recibir es la de mamá y papá. Más tarde, adultos, le decimos a nuestra pareja: "Mírame cuando te hablo". Todos necesitamos ser aprobados. Lo importante es que esa aprobación no sea inútil, es decir que no la busquemos tontamente. ¿Por qué nos duele tanto el rechazo, que alguien no nos salude, que alguien nos ignore, que alguien no nos acepte en un grupo? Porque, desde que nacemos, necesitamos sí o sí a mamá en un cien por ciento para sobrevivir. Si ella no nos cuida, no nos abraza, no nos cambia, no nos sostiene en brazos, nos morimos. Por lo menos hasta los cuatro años somos dependientes de ella por completo. Nos duele tanto el rechazo porque lo que hacemos tiene sentido en función de los demás.

> *La vida comienza al levantarme y amar la cara de mi madre.*
> **George Eliot**

d) La mirada de la admiración

Todos los seres humanos buscamos reconocimiento en nuestra vida. Necesitamos la mirada (la validación) de los demás porque esta nos trae gratificación. El rechazo duele porque todo lo que hacemos y nuestros logros tienen sentido en función de los demás. Cuando nos aislamos, nos deprimimos porque somos seres sociales. Nos necesitamos unos a otros para acompañarnos y motivarnos. Cuando me aíslo, me deprimo porque necesito al otro. Pero si el otro me rechaza, lo que hago no tiene valor ni sentido. Por eso, nos importa tanto la mirada de los otros. Si los demás me rechazan, lo que hago (los sueños que tengo) no tiene sentido. El músico que practica su instrumento y lo ejecuta en público necesita que lo aplaudan. ¿Por qué? Porque todos nos necesitamos los unos a los otros. Cuando aceptamos esta verdad, somos libres.

> *Admira a aquellos que intentan grandes cosas, incluso cuando fallen.*
>
> **Séneca**

¿Por qué es tan importante la mirada?

Todos queremos ser mirados por otros. Un violinista que está en medio de una actuación y, de pronto, deja de tocar para acomodarse la ropa seguramente llamará la atención del público, pero de una manera sin sentido. Todos, en algún momento, hemos hecho alguna tontería adrede para captar la atención de alguien. Hay personas que se mueven todo el tiempo, se levantan de su asiento, caminan de un lado a otro y, si uno se los hace notar, se justifican diciendo que son hiperactivos.

Edward L. Thorndike, psicólogo y pedagogo (1920), ya había definido la inteligencia social como la habilidad de comprender y motivar a otras personas. Ser mirados por el otro nos transmite atención, pues expresa: "Estoy atento a ti", lo cual significa: "Tú me importas". Este "tú me importas" no es por nada en particular; no hay una ganancia o algo que esperamos del otro. Implica: "Tú vales para mí y este momento que comparto contigo me interesa". Un buen ejercicio es recopilar fotografías de personas que conoces, o incluso extrañas, que posean este rayo de bondad saliendo de su mirada. Míralos a los ojos y siente. Simplemente experimenta cómo se siente recibir este tipo de mirada. Significa que se involucran gestualmente con el otro, y esto se expresa a través de su mirada.

Es muy difícil simular una mirada porque esta aparece desnuda. El otro se da cuenta si es sincera o no. Lo que decimos se ve en la mirada. Es mejor decirle a alguien: "En este momento, no estoy en condiciones de hablar este tema contigo", que simular una mirada de atención.

Aquí estoy. Puedo ver tus ojos

Cuando nos prestan atención, nos sanamos. Si una persona se dirige a nosotros y la escuchamos con atención, le estamos diciendo: "Eres importante para mí. Por ese motivo, estoy presente". Nuestra presencia hace sencillamente que estemos en ese lugar, sin apuro, sin el deseo de cambiar nada. Como resultado, se genera un clima de intimidad emocional, algo fundamental para vincularnos de forma sana con la gente.

Observar el teléfono celular, el periódico o la televisión cuando estamos con alguien es una señal de la disociación de nuestra mente. Alguien que actúa de ese modo no le está brindando verdadera atención a la otra parte. ¿Te ocurrió alguna vez encontrarte físicamente en un sitio, pero estar a una gran distancia en tu mente o tu mundo emocional?

Estar presente es fundamental, pues estamos transmitiendo la idea de disponibilidad, apertura y receptividad. Actualmente, muchos experimentan lo que se conoce como "disonancia expresiva", debido a sus muchas dificultades. ¿Qué significa esto? Que dicen una cosa con sus palabras, pero otra diferente con su cuerpo. La única forma de sanar las heridas que producen las grandes crisis es aprender a "sintonizar conscientemente" con el otro. Esto quiere decir que nos unimos al campo mental y emocional de una persona. Aunque dijéramos una tontería, algunos no lo notarían porque se hallan totalmente inmersos en su mundo interior.

¿Cómo podemos practicar la presencia (incluso virtualmente)?

Estas son algunas técnicas sencillas: asentir con la cabeza, usar monosílabos como "ajá" u "ok", preguntar, repetir lo que el otro acaba de decir, escuchar al otro con toda nuestra corporalidad demostrando interés. Son maneras de estar allí y tender un puente emocional que nos reúna. Y, sobre todo, mirar a la persona con calidez, lo cual implica enfocarnos en él o ella durante un breve tiempo para brindarle afecto. Como mencionamos, nuestros ojos hablan y, cuando miramos con el ingrediente del amor, esto permite que la otra parte se sienta valorada, apoyada y comprendida. Es decir, tenida en cuenta.

Continuando con las investigaciones de Daniel Goleman, vemos que un individuo no solo desarrolla una inteligencia emocional, sino que también dispone de un cerebro social, el cual es la suma de los mecanismos nerviosos que instrumentan sus interacciones, además de sus pensamientos sobre las personas y sus relaciones. De modo que, cada vez que nos relacionamos con otro ser humano cara a cara, o voz a voz, o piel a piel, nuestros cerebros sociales se entrelazan. "Ese puente nervioso permite hacer impacto en el cerebro, y por ende, en el cuerpo de cualquier persona con la que interactuamos, así como lo hacen esas personas en nosotros".[15]

Según el experto, "podemos comenzar a encontrarle sentido a cómo nuestro mundo social influye en nuestro cerebro y en nuestra biología, pues se ha descubierto una conexión entre involucrarse en una relación dolorosa, y un aumento de las hormonas de estrés a niveles que dañan ciertos genes que controlan células que luchan

---

15 Fuente: *Vanguardia, El Universal.* Aportado por Eduardo J. Carletti. Entrevista a Daniel Goleman.

contra los virus. En rigor, ser constantemente herido e irritado o, por el contrario, ser emocionalmente nutrido por alguien con quien compartimos el tiempo a diario a lo largo de los años, puede, hasta cierto punto, remodelar los circuitos de nuestro cerebro".[16] Es por eso que estar presentes y brindar una mirada nutritiva son dos actitudes que mejorarán siempre nuestro vínculo con el otro.

La mirada del otro

Todos tenemos un autoconcepto que es "cómo nos vemos a nosotros mismos". Si yo les preguntara a otras personas cómo se ven físicamente, seguramente dirían que se ven ágiles, torpes, atractivos, feos, etc. Nuestro autoconcepto puede ser físico o intelectual. A veces, nos percibimos incapaces, pero también tenemos un auto-concepto social que consiste en "cómo nos llevamos con los demás". Nosotros mismos construimos este autocon-cepto desde que nacemos hasta que morimos. De allí la importancia del trato de los padres hacia los hijos, que nos lleva a sentirnos de una manera en particular. Esta sensación se denomina autoestima. Según sea nuestro autoconcepto, estaremos más o menos pendientes de la mirada de los demás, por la simple razón de que esta nos brinda reconocimiento y nos gratifica. A todos nos gusta ser aplaudidos. Todo ser humano necesita pertenecer a

16 http://axxon.com.ar/not/169/c-1690081.htm

un grupo, lo cual incluye la mirada ajena. Ser conscientes de ello y aceptarlo, siempre resulta liberador.

Imaginemos a un famoso pianista que termina su interpretación de una hermosa composición musical. Enseguida surgen aplausos del público en la sala. Pero tres personas ubicadas en un palco se mantienen con los brazos cruzados y solo se limitan a observar la situación. ¿Cuáles serían las posibles reacciones del músico? Podría reaccionar de alguna de estas tres maneras:

- 1. Observar a quienes lo aplauden y no prestar atención a esos tres que no celebran su actuación.

- 2. Enfocarse en quienes decidieron no aplaudir ignorando a la mayoría que lo celebra con entusiasmo.

- 3. Disfrutar del público que aplaude su desempeño y tomar a quienes no lo hacen como un estímulo para crecer en su carrera.

Las personas deseamos ser reconocidas o aceptadas por los demás. ¿Por qué razón? Porque así nos sentimos gratificadas. A todos nos gusta que nos tengan en cuenta, que nos reconozcan, que nos celebren. Es fácil comprender al pianista del ejemplo anterior. Nadie está libre de la necesidad de "ser mirado socialmente". Es por ello que aceptarlo nos hace libres. Hay gente que expresa: "Yo no necesito nada de nadie". Quizás se considere una posición negativa, pero reconocerlo nos favorece porque todos compartimos la necesidad de reconocimiento. Es por ello que la "falta de mirada", que muchas veces comienza durante la infancia en casa, donde no recibimos la atención que esperábamos, nos duele.

Para disfrutar de una autoestima elevada, precisamos que nos reconozcan. Pero, cuando llegamos a la adultez, deberíamos sentirnos motivados por la "falta de reconocimiento" y, de ese modo, lograr superarnos a nosotros mismos. Si no te miraron de chico, aquellos que esperabas que lo hicieran, te recuerdo que posees la capacidad de transformar ese dolor emocional en fortaleza para perseguir tus sueños. Cuando uno aprende a interpretar bien todo lo negativo que le sucede, ya sea juicios, desencantos o traiciones, eso se convierte en una lección que lo ayuda a ser mejor. Si una persona te critica, en vez de responderle con la misma actitud, siéntate a determinar si hay algo de verdad en esas palabras, o no. Si la respuesta es afirmativa, sin duda lo sucedido te permitirá crecer y avanzar. Si no hay verdad en esas palabras, sencillamente no les prestes atención.

Cuenta una vieja historia que un profesor universitario les dio una tarea a sus alumnos. Ellos entregaron su trabajo en tiempo y forma, y enseguida cada uno recibió su calificación. Uno de los alumnos, en lugar de encontrar una letra (como se acostumbra calificar en los EE.UU.), encontró la siguiente pregunta: "¿Esto es lo mejor que usted puede hacer?". De manera que buscó la forma de mejorar su trabajo y volvió a entregárselo al catedrático. De nuevo le fue devuelto con la misma pregunta. Diez veces la asignación retornó al estudiante con idéntico comentario. Al final, ya visiblemente molesto, el joven se acercó al profesor y exclamó: "Sí, señor, esto es lo mejor que puedo hacer". A lo que el hombre contestó: "Perfecto, ahora sí voy a leer su trabajo".

Podríamos comparar la vida con la escritura de un libro. Una vez que la obra está acabada, nos tomamos el tiempo de releerla para encontrar todo aquello que debemos corregir. Luego de algunos meses, volvemos a leerla y, otra vez, hallamos errores o párrafos que queremos mejorar. Si la seguimos leyendo, encontraremos más puntos a pulir. Esto mismo nos ocurre con las equivocaciones que solemos cometer en la vida. Cuando pensamos en ellas repetidamente, nos cuestionamos porque son cosas que ya habíamos enmendado.

Nunca dejamos de aprender mientras estamos vivos. Todos deberíamos chequear a menudo nuestras acciones, pero sin reproches ni autocastigos, solo para lograr mejorar como personas. También para soltar perdón, hacia uno mismo y hacia otros, cuando sea necesario. Y además para fortalecernos antes de continuar nuestro recorrido. Todas las respuestas se hallan en nuestro interior. Por esta razón, no deberíamos escuchar las opiniones ajenas, sobre todo cuando son negativas. La superación personal es un camino hacia la cima que no se transita en un día... ¡sino durante toda la vida! La responsabilidad de superarse es de cada uno, y de nadie más.

> La medida de lo que somos, es lo que hacemos con lo que tenemos.
> **Vince Lombardi**

Somos seres sociales y la mirada ajena es importante, porque, en realidad, nuestra estima se construye a partir de cómo me ven y cómo me veo. Nos constituimos mediante la mirada del otro; pero no con todas las miradas, sino solo con algunas de ellas. Nos puede importar cómo nos ve nuestra familia, o nuestra pareja, o nuestro jefe, porque necesitamos seleccionar qué ojos son significativos para nosotros. Sin embargo, aunque sean significativos, no determinan las decisiones que tomamos. En última instancia, somos nosotros quienes tenemos el poder de decidir. Si yo actúo sobre la base de cómo me ve el otro, es que me siento inseguro. Podemos debatir, consultar, ser aconsejados, pero la decisión siempre es nuestra.

Cuando la mirada del otro deja de ser una carga, se convierte en un estímulo para crecer y avanzar cada día.

Madrigueras de aceptación

Necesitamos cuidar nuestras relaciones más cercanas porque estas se convierten en nuestras "madrigueras de aceptación". Una mirada nutritiva nos permite salir al mundo. Cuando aprendemos a darle valor a la gente y entendemos que todos somos valiosos, nos convertimos en seres nutritivos: ayudamos a los demás a crecer, a avanzar, a obtener logros. Cuando uno trata de impactar en un grupo a todos, pierde el valor que le puede dar a la gente; pero cuando uno tiene la capacidad de mostrarle algo de cada uno a esas personas, ellas se impactan consigo mismas y acaban dándose cuenta del valor que tienen. Cuando una persona busca la aceptación, agradar al otro, pierde valor; pero, cuando mira al otro y le señala algo bueno de sí mismo, logra que ese otro se impacte por algo valioso que la persona tiene. Cambiemos el perder tiempo especulando qué pensará el otro de nosotros por ver algo bueno en él o ella y decírselo. *En eso consiste valorar a la gente, dar valor a la vida de los demás.*

> Sus actos ordinarios de amor y esperanza apuntan a la extraordinaria promesa de que toda vida humana tiene un valor inestimable.
>
> **Desmond Tutu**

Un ministro religioso estadounidense enseña que hay que usar el dinero y disfrutar de la gente. No hay que disfrutar del dinero. El dinero no se disfruta, se usa. Lo que se disfruta son las personas, las relaciones afectivas. El dinero se reemplaza; las relaciones afectivas, no. El dinero es un objeto que se usa y se acaba; una relación con alguien más se puede disfrutar toda la vida.

La mejor manera de disfrutar de los demás es hablándoles. Habla a tus hijos, a tu pareja, a tus padres, a tus amigos. Encuentra algo bueno en ellos y diles: "¿Sabes que vi esto bueno en ti y te lo quería decir?". La persona pensará: "Quedé impactado por el reconocimiento por esto bueno que tengo". Dicho impacto se transformará en bendición para esa persona y en alegría para nosotros. "Tú eres una persona brillante. Yo me di cuenta de ello y te lo quería decir". No necesitamos que todos los grupos nos acepten, pero debemos cuidar a nuestra familia, a nuestros amigos, a nuestro equipo de trabajo. Si somos aceptados y mirados con afecto en esos círculos, lo que los demás piensen de nosotros no nos afectará. Cada grupo próximo es una madriguera de aceptación.

Démosle valor a nuestra familia, a nuestros hijos, a nuestra pareja, a nuestros padres, a nuestros hermanos. Tenemos que valorar y cuidar estas relaciones porque es ahí donde necesitamos ser aceptados. ¿Qué le podrá interesar a alguien que lo quiera la gente si su propia familia no lo acepta? Cuida y prioriza a tu familia como tu madriguera.

Cuidemos a nuestros amigos. Una relación de amistad es una relación simétrica, de apoyo, de cuidado. Tenemos que valorar las relaciones con nuestros amigos íntimos que, por lo general, son pocos. El que expresa: "Yo tengo muchos amigos", o "yo tengo miles de seguidores en las redes sociales", en realidad, no los tiene. Los amigos son pocos y son relaciones de cuidado en las que hay que invertir tiempo.

> *El dolor puede cuidarse en sí mismo, pero para obtener el valor total de una alegría debes tener a alguien con quien dividirlo.*
> **Mark Twain**

Nuestra vida debería consistir en trabajar en nosotros mismos con el objetivo de superarnos cada día un poco más. Muchos viven compitiendo con los demás y se esfuerzan por ser mejores que el resto, pero pocas veces realizan una mirada introspectiva para ver qué aspectos necesitan pulir en ellos mismos. No podemos cambiar lo que hemos hecho en el pasado (por mucho que lo lamentemos), pero cada mañana tenemos una nueva oportunidad de construir un futuro mejor.

Capítulo 9

Estar presente: hacer cosas juntos

La escucha nutritiva

Brindar atención siempre es sanador. Atención cuando el otro nos habla, nos comparte algo. Prestar atención, es decir: "Eres valioso para mí y es por ello que estoy aquí contigo a tu lado". Darle nuestra atención a alguien no es "componer" nada, sino estar presente sin prisa y sin desear cambiar nada. Estos microencuentros de intimidad construyen un vínculo nutritivo que sana. Uno no está disociado, sino hablando con el otro sin mirar el celular, la televisión o hacia otro lado. La persona siente: "Tu atención es totalmente para mí". ¡Cuántas veces nos encontramos en un lugar, pero nuestra mente está en otra parte!

Estar presente significa que, cuando están con nosotros, están con nosotros. Es tener apertura, estar disponible, estar ahí.

De acuerdo con la psicología:

- La "disonancia expresiva" tiene lugar cuando decimos una cosa, pero nuestra expresión facial o corporal expresa otra. Por ejemplo, sonrío cuando estoy enojado. O expreso enojo corporal cuando estoy triste. Mi expresión no coincide con mi estado emocional.

- La "sintonización emocional" consiste en unirse al espacio mental del otro. Hay personas que nos hablan y podemos decirles: "Que llueva en el campo". Es decir, un disparate... ¡y ni se dan cuenta! Están tan sumergidos en sí mismos y en lo que dicen que no pueden registrar al otro.

- La "responsividad" es la capacidad de dar respuesta. Dice el Evangelio que Pilato le preguntó a Jesús: "¿Qué es la verdad?" y, sin esperar la respuesta, se fue. Algunos no reciben respuestas porque nunca "están ahí" para escuchar al otro.

> *Así como hay un arte de bien hablar, existe un arte de bien escuchar.*
> **Epicteto de Frigia**

Escuchar con todo nuestro ser ofrece identidad, pertenencia: "Me siento parte de ti, o de ese grupo, porque soy escuchado". Escuchar es poner atención. Pero la escucha no es automática, sino que requiere de esfuerzo y atención. También es selectiva, pues elegimos qué escuchar y qué no.

Ya te contesté por Whatsapp

Años atrás, cuando una persona cumplía años, o algún acontecimiento importante sucedía en su vida, ya fuese triste o feliz, era de lo más usual llamarla por teléfono. Hoy, por lo general, esto no sucede. Todo está automatizado. Es más, muchos replican el mismo mensaje de saludo a distintas personas. Y, si bien las redes son beneficiosas en tiempos como los que estamos viviendo, no logran cumplir la función de la escucha atenta que todas las personas necesitan cuando están atravesando un momento especial de sus vidas. Si bien hoy podemos usar Facetime, videollamadas, Zoom, y tantas aplicaciones que están a nuestra disposición, la escucha personal y la mirada atenta no pueden reemplazarse por emoticones y posteos de frases. El contacto corporal que consiste en tomar de la mano o abrazar es único en el momento de consolar al otro y todos, en algún momento de nuestras vidas, necesitaremos ser escuchados, abrazados y consolados.

La mayoría de nuestras dificultades a la hora de relacionarnos con los demás se debe a la incapacidad que tenemos para expresar nuestras emociones. La tecnología no se detiene y todos hacemos uso de ella, ya que es el principal medio para estar en permanente contacto con la gente; pero, a pesar de esto, hay quienes no son capaces de compartir lo que sienten. Esto se debe a que, en el fondo, temen que los rechacen, lastimen o dejen en ridículo.

143

Hoy se valora más lo escrito en nuestras interacciones con los demás y muchos recurren a abreviaturas como "q", "xq" y "tkm" para ganar tiempo. Todos hacemos uso de los "emoticones", que son símbolos de lo que sentimos en el momento de escribir. Tenemos la idea de que todo eso basta para ser comprendidos al comunicarnos. La verdad es que nada puede ocupar el lugar de lo verbal, que, además, está acompañado de gestos y con una carga emotiva, incluso en las comunicaciones a distancia. Hay gente que parece estar a millones de años luz de los demás con respecto a su mundo emocional.

Cuando abrazamos, normalmente no tenemos contacto visual con la otra persona. Es solo una buena manera de sentirse seguro y físicamente conectado. Dar un abrazo a cada integrante de la familia a diario genera unión y afecto.

El verdadero amor no consiste solamente en regalar un osito de peluche, dedicar una canción o cambiar la situación sentimental en el muro de Facebook. El amor verdadero valora, respeta, sirve a los demás y es capaz de sobreponerse a la diversidad de circunstancias desfavorables que muchas veces debemos enfrentar. Hacer algo por amor implica poner empeño, invertir, esforzarse, y todo sin esperar nada a cambio. Y parte de ese amor son las caricias, tan importantes y necesarias para todo ser humano desde el primer día de vida.

Cuando una mamá acaricia a su bebé y lo mima, le está dando alimento afectivo, algo absolutamente indispensable para un crecimiento saludable. Necesita ser sostenido en brazos, mirado, abrazado, acariciado. El calor físico, mediante el contacto con el cuerpo de su madre o su padre,

> *La caricia es un acto de afirmación de la existencia, una reivindicación de la alegría de vivir. Acariciar, ser acariciado: no hay inteligencia mayor.*[17]

hace que la criatura se sienta amada, cuidada y protegida. A medida que el niño va creciendo, además del contacto físico, los padres lo acarician con acciones: lo toman de la mano, lo llevan y lo van a buscar al colegio, le controlan los deberes, le preparan el desayuno o la merienda. Cada acción que realizamos hacia nuestros hijos es una caricia que los acompañará durante toda la vida.

Todos los seres humanos necesitamos, desde nuestro nacimiento hasta nuestro último día en este mundo, el contacto corporal con el otro. Sin embargo, en la adolescencia, muchas veces los chicos evitan el contacto físico. En esta etapa nuestros hijos comienzan a separar lo que es una caricia física de lo que es una caricia sexual. Esta es la razón por la que necesitan distanciarse físicamente de no-

> *El amor es para el niño como el sol para las flores; no le basta pan: necesita caricias para ser bueno y ser fuerte.*
>
> **Concepción Arenal**

sotros. A nuestros hijos tenemos que abrazarlos, quererlos y, obviamente, acariciarlos; pero en el transcurso de

---

17 https://www.cuerpomente.com/salud-natural/mente/beneficios-emocionales-caricias_4295

la adolescencia, lo fundamental será acariciarlos con las acciones y las palabras.

Todos necesitamos amar y ser amados. La caricia es un estímulo amoroso. Todos necesitamos ser acariciados desde que nacemos hasta que morimos. Las caricias son ladrillos que se van agregando en la construcción de nuestra vida y son necesarias en cualquier etapa en la que nos encontremos. Poseen un efecto vivificador, pues nos hacen sentir queridos y valorados.

Las palabras también acarician: cada vez que los aconsejamos, cuando conversamos con ellos e intercambiamos ideas, estamos dándoles caricias que ellos necesitan para su sano crecimiento y evolución hacia la juventud. De esta manera, cuando dejen atrás la adolescencia y se transformen en jóvenes, ya tendrán incorporada la caricia física, las acciones y las palabras.

Por último, llegamos a la vejez. El anciano también necesita caricias físicas, tanto en acción como en palabras. En el primer caso, estas tienen que ser más frecuentes, pues los adultos mayores, como a cualquier edad, necesitan sentirse queridos, apreciados e importantes para los demás.

Todos los seres humanos necesitamos el amor expresado a través de las caricias, ya que estas, en la modalidad afectiva, son el combustible y la fuerza para sentirnos amados y ser capaces de amar. Acariciemos cada vez más, en cada oportunidad que podamos y en todas las etapas de nuestra vida. ¡Hagámoslo!

¡Las acciones unen!

Compartir con el otro actividades que ambos disfrutamos genera nuevos recuerdos. Muchas veces, cuando las palabras no alcanzan, una acción puede suplirlas. Caminar, jugar, mirar una película o cocinar juntos son todas acciones que producen una nueva "sintonía" en el vínculo. Esta es una comunicación de tipo no verbal, sin palabras, que, de hecho, es el primer lenguaje que todos los seres humanos tuvimos. Luego vinieron las palabras para reforzar este lenguaje corporal.

Cuando realizamos una tarea juntos (por ejemplo, yo te acompaño a un lugar o te ayudo a hacer un trámite), ese gesto construye confianza. "Pertenezco a un grupo". Siempre que hacemos algo con otra persona, desciende el nivel de inseguridad. Suponte que vas solo a comprar un televisor. Distinto sería que fueras a comprarlo con otra persona (aun cuando eligieras el televisor que te gusta a ti); el hecho de compartir, de preguntarle al otro y recibir feedback, nos hace sentir más seguros.

> *Todo placer languidece cuando no se disfruta en compañía.*
> **David Hume**

Lo más importante siempre es el vínculo. No tengo dudas de que aún recuerdas a ese abuelo, esa tía, ese amigo o esa maestra que, con sus acciones y palabras, trajo bienestar a tu vida. Cuando una persona le hace la vida fácil a alguien, es una persona nutritiva. Amar al prójimo también significa tener bondad. ¿Qué quiere decir tener bondad? Facilitarle la vida al otro. Sin embargo, ser bondadoso no es "permitir que los demás me usen". Ser nutritivo es amar al prójimo y demostrar empatía, bondad y altruismo.

Tarde o temprano, todo lo que coseches será lo que sembrarás. Te comparto esta historia…

El abuelo se había hecho ya muy viejo. Sus piernas no le obedecían, sus ojos ya no veían ni sus oídos oían, y además carecía de dientes. Cuando comía, la comida se le caía de la boca. El hijo y la nuera dejaron de sentarlo a la mesa y le servían las comidas detrás de la estufa. En cierta ocasión le llevaron la cena en un cuenco y cuando el anciano fue a comerla, se le cayó al suelo y se le hizo añicos el recipiente. La nuera empezó a quejarse de su suegro, diciendo que lo rompía todo, y juró que desde aquel día le daría de comer en un balde de lavar los platos. El anciano se limitó a suspirar sin decir nada. Poco después, el marido y su esposa vieron a su hijo pequeño jugando en el suelo con algunas planchas de madera; estaba intentando construir algo. Movido por la curiosidad, el padre le preguntó: "¿Qué estás haciendo, Misha?", y Misha respondió: "Papá, estoy fabricando un balde para darles de comer en él cuando tú y mamá sean viejos". El marido y la mujer se miraron y empezaron a llorar, sintiéndose avergonzados de haber tratado así al abuelo.[18]

No solo cosecharemos lo que hemos sembrado, sino que atraeremos a nuestra vida lo que somos; porque lo

---

18 Historia *El viejo abuelo y el nieto* de León Tolstói.

semejante atrae a lo semejante. Con el tiempo, todos acabamos pareciéndonos a aquellos con quienes estamos gran parte del día. De manera que, si compartimos mucho tiempo con gente que se queja, critica o discute, tarde o temprano, estaremos comportándonos igual que ellos.

Por eso, es sumamente importante la elección de las personas de las que nos rodeamos para establecer vínculos. Muchos se preguntan cuál es la razón por la que siempre se relacionan con gente que termina lastimándolos. En algunas ocasiones, reproducimos nuestra elección de una pareja o una amistad con una persona que solo nos causa daño. Nos vinculamos con alguien difícil porque, inconscientemente, estamos detrás de estímulos nuevos. Hay quienes dicen: "Cuando me relaciono con otros, a veces, me aburro". ¿La razón? Necesitan adrenalina. Como resultado, de manera inconsciente, procuran vincularse con alguien complicado que les brinde esa cuota de novedad y así sientan que disfrutan de vida y fortaleza interior.

Sin embargo, para que podamos hacer buenas elecciones a la hora de relacionarnos, es importante trabajar en nuestro mundo interior, conocernos, aceptarnos tal como somos y amarnos saludablemente. Solo así seremos capaces de armar vínculos sanos, simétricos, donde "yo te cuido y tú me cuidas; yo te ayudo y tú me ayudas; te doy y recibo". Esta forma de actuar nos permite disfrutar de gente nutritiva y de relaciones sanas y estables con ellos.

> *Los momentos más felices que mi corazón conoce son aquellos en que derrama su afecto sobre unas cuantas personas estimadas.*
> **Thomas Jefferson**

Todos los seres humanos anhelamos crecer y avanzar en la vida. Para lograrlo, debemos rodearnos de personas que sumen y no resten en nuestra vida. Suelo decir que son dos las cosas que pueden ayudarnos a aumentar nuestra sabiduría y a crecer día a día: los libros que leemos y las personas con las que interactuamos.

¿Deseas ser una persona nutritiva?

Ríete un poco más de ti mismo, trata bien a la gente, usa la mejor vajilla para comer con tu familia, honra a los tuyos, ten buenos recuerdos. La familia es nuestro pequeño mundo y no podemos pretender transformar e impactar la vida de otros si primero no lo hacemos con los nuestros.

Un hombre había llevado a arreglar su zapato. Al notar que ya estaba oscureciendo y la vela del zapatero se consumía, se preocupó de que su zapato no pudiera ser reparado esa misma noche. Sin embargo, el zapatero le aseguró: "No se preocupe usted. Mientras la vela siga ardiendo, es posible reparar el zapato".

Mientras tu fuego siga ardiendo, la pasión por los tuyos, el cuidado y el respeto, tu vida, tu matrimonio y la relación con tus hijos podrán ser reparados. Trabaja para que tu vida sea nutritiva y sea un espacio, un refugio para aquellos a quienes amas, tus vínculos, siempre quieran visitar porque allí se respira paz. Es una de las cosas más maravillosas que podemos lograr.

Capítulo 10

Hablar el lenguaje del otro

Hablando las mismas palabras

Hablar el lenguaje del otro significa usar sus mismas palabras, su código, su jerga.

En una oportunidad, hablé con un joven que debía tomar una decisión importante para su vida, pero la posponía y posponía. Era corredor de autos y le pregunté qué hacían en su entorno luego de terminar una carrera. Me contó que se reunían para evaluar aciertos y errores, a fin de poder mejorar en la próxima carrera. Pero esto lo hacían sin "emoción", es decir, sin llorar o pensar en positivo; solo analizaban los datos y seguían adelante. Así, implementé esa imagen para explicarle que podía hacer lo mismo frente a esa decisión a tomar: analizarla como un dato, sin emoción. Entonces, me respondió que nunca lo había pensado desde esta perspectiva. Simplemente, hablé su lenguaje y, como resultado, él logró resolver su situación.

El lenguaje sencillo brinda más solidez. No es tarea sencilla ser sencillo. Por ejemplo, al violinista que ejecuta una melodía, pareciera que le resulta "fácil" hacerlo; pero, detrás de esa interpretación, hay horas y horas de ensayo y virtuosismo. La sencillez es la maestría que domina la materia. Se trata de hablar breve y sencillo.

Cuenta una vieja anécdota que un anciano árabe vivía en Idaho desde hacía cuatro años. Quería plantar papas en su jardín, pero arar la tierra era un trabajo muy pesado. Su único hijo, Al, estaba estudiando en Francia. El hombre viejo le mandó, entonces, un correo electrónico a su hijo, explicándole el problema:

"Querido Al, me siento mal porque no voy a poder plantar mi jardín con papas este año. Estoy muy viejo para arar las parcelas. Si estuvieras aquí, todos mis problemas desaparecerían. Sé que darías vuelta la tierra para mí. Te quiere, papá".

Pocos días después, recibió un mensaje de su hijo:

"Querido papá, por todo lo que más quieras, no ares ni des vuelta la tierra de ese jardín; ahí es donde tengo escondido 'aquello'. Te quiere, tu hijo".

A las 4 a.m. del día siguiente, aparecieron los Federales, la policía local, los agentes del FBI, la CIA y representantes del Pentágono que dieron vuelta todo el jardín buscando 'aquello'. Es decir, materiales para construir bombas, ántrax o lo que fuere. No encontraron nada y se fueron. Ese mismo día, el hombre recibió otro correo de su hijo:

"Querido papá, seguramente ya podrás plantar las papas. Es lo mejor que pude hacer, dadas las circunstancias. Te quiere, tu hijo".

El sabio Salomón escribió que el corazón es una "casa" donde entran y salen palabras. Tu corazón no es tu alma. Tu alma es tu mente, tu voluntad y tus emociones; y nosotros somos seres construidos por palabras.

> **Toda lengua es un templo en el que está encerrada el alma del que habla.**
> **Oliver Wendell Holmes**

Cuando estábamos en el vientre de nuestra madre, aun antes de nacer, mamá, papá y los demás hablaban. Cuando nacimos, nuestra vida se transformó en una especie de libro. Cada día es una oportunidad nueva para escribir una página de ese libro. ¿Quién escribe en ese libro? La gente. Lo que habló mamá, lo que habló papá, todas esas palabras fueron hacia nuestro corazón. Las palabras que bajan al corazón, desde allí se dirigen hacia el alma y el cuerpo. Las palabras van hasta el torrente sanguí-

> *Habla para que yo te conozca.*
> **Sócrates**

neo y son como un medicamento. Y llegan a nuestro cuerpo y a nuestra mente. Nuestra mente se amolda a las palabras que bajaron al corazón.

Por eso, Salomón dijo que, sobre toda cosa guardada, guardemos nuestro corazón. No habló del cuerpo

> *Las palabras forjan las ideas; y las ideas modelan tus pensamientos. Tus pensamientos generan emociones; y esas emociones determinan los sentimientos con que te vas a relacionar con las acciones concretas que vives en la realidad. Si cambias la forma de construir esta cadena, transformas el resultado.*
>
> Daniel Colombo

ni del alma, habló del corazón. ¿Por qué? Porque este es la fuente de la vida. Papá escribió, mamá escribió, los tíos escribieron y yo también escribí cuando empecé a hablar. Escribí un gran número de cosas y esas palabras construyeron mi cuerpo (salud o enfermedad) y también mi alma (la manera de ser, la personalidad). Si yo guardo palabras buenas, mi corazón se vuelve bueno. Y, cuando hablo, hablo palabras buenas. Si yo guardo palabras falsas, mi corazón se vuelve malo. Y cuando tengo que hablar, voy a la fuente y extraigo palabras falsas. Esos mismos dichos los usaré con otros para relacionarme y convivir.

El poder de la palabra

Los seres humanos fuimos creados para expresarnos, por eso nos curamos hablando. En el caso de los animales, los sonidos que ellos emiten atraen a otros de su misma especie o a los depredadores. Del mismo modo, cuando hablamos, podemos atraer gente o bien perder autoridad y ocasionar que los demás se alejen de nosotros. Es posible ser una gran persona con una comunicación pobre. Puedes tener un gran corazón y buenas intenciones, pero si tu hablar denota todo lo contrario, tus palabras no podrán sostener tu accionar.

Mi hablar produce vida o produce muerte. Todos trabajamos de comunicadores. La gente que más crece es la que mejor sabe comunicar. Para comunicarnos mejor en el plano natural, siempre deberíamos emplear palabras de grandeza como "extraordinario", "maravilloso". Cuando alguien nos sonríe, nos trasmite ánimo. Cuando alguien utiliza palabras de victoria (qué lindo, qué bueno), nos sentimos bien. Pero la gente que expresa: "Qué cara tienes, ¿estás enfermo?" no nos agrada. Todos disfrutamos de la gente que dice: "Qué lindo verte… vienen cosas grandes".

Las palabras que decimos llevan en sí mismas una gran carga emocional. Es por ello que necesitamos elegir cuáles vamos a decir, dado que estas son semillas y toda semilla tiene cosecha. La lengua es como un timón que maneja un barco. ¿Para qué sirve el timón? Para guiar el barco: al girar el timón, el barco toma la dirección que este le indica. Asimismo, tus palabras te llevarán a ti, y a los vínculos interpersonales que hayas formado, hacia una determinada dirección. Tú y yo llegamos hasta acá y logramos lo que logramos por lo que hablamos y alcanzaremos otros objetivos en el futuro de acuerdo a cómo usemos nuestra boca, porque nuestra vida va en la dirección de nuestras palabras.

A los hombres se les puede dividir en dos categorías: los que hablan para decir algo y los que dicen algo por hablar.
Príncipe Carlos José de Ligne

Hablar bien funciona en todas las áreas porque tu boca define tu vida; tu manera de hablar crea un clima a tu alrededor y deja en evidencia tu estado emocional y espiritual. La comunicación humana, a diferencia de la de los animales, está basada en palabras. En algunas ocasiones, no somos conscientes de la fuerza que estas poseen. Por esa razón, si deseamos formar vínculos que nos generen bienestar, debemos elegir dichos que tiendan un puente con los demás, que nos permitan acercarnos y sean una fuente de motivación constante. Observemos ahora algunos elementos que no pueden faltar en todo aquello que decimos:

- *Amabilidad.* En uno de sus libros, el rabino Joseph Telushkin se refiere al poder de las palabras amables que todos deberíamos usar a menudo, tales como "¿Cómo estás?", "¿Necesitas algo?", "Gracias" y "Te amo". Seríamos testigos de grandes cambios a nuestro alrededor si recurriéramos a ellas todos los días.

- *Unidad.* "Yo" no es sinónimo de "nosotros". Todos seríamos testigos de grandes cambios si usáramos palabras que abren puertas y nos conectan saludablemente con los demás. Por ejemplo: cuando mencionamos la primera persona del plural, estamos bregando por la unidad. En vez de pedir: "Son ustedes quienes deben darme una solución", podríamos elegir decir: "¿Cómo podríamos encontrar juntos una salida?". En las cuestiones de pareja, familiares o laborales, resulta de gran ayuda dejar en claro que deseamos con firmeza trabajar juntos, en lugar de responsabilizar a los demás.

- *Pedido.* Pedir permiso con frases como "¿Me permites, por favor?" es una muestra de consideración hacia el derecho que tiene el otro a otorgarlo o negarlo. Esto implica que lo estamos teniendo en cuenta. Además, es muy bueno demostrar interés por lo que le sucede a la gente a través de un "¿Cómo estuvo tu día hoy?".

- *Pregunta.* No todas las preguntas son iguales. Las más aconsejables son las que poseen la cualidad de que la otra persona se sienta valorada. Algunos ejemplos de ello son: "¿Y a ti qué te parece?" o "¿Cuál es tu opinión al respecto?". Dichas frases invitan a la otra parte a dialogar, ya que expresan que estamos interesados en sus emociones y pensamientos.

> *Lo que se sabe sentir se sabe decir.*
>
> **Miguel de Cervantes**

- *Ánimo.* Cuando animamos a los demás, con frases como "Qué maravilla", "Te felicito" o "¡Qué bien estuviste!", producimos emociones positivas. Son hermosas palabras que endulzan el oído de la gente, en el buen sentido. Hoy en día existe mucha violencia de todo tipo y solemos oír frases agresivas e insultos por doquier, aun en medios masivos de comunicación.

161

Por ese motivo, haríamos bien en desarrollar la capacidad de transformar los ambientes por medio de nuestros dichos. Incluso, si debemos mostrarle a alguien que se ha equivocado, siempre es posible elegir palabras que le den ánimo y no lo lastimen.

- *Simplicidad.* En algunas ocasiones, nos sentimos incomprendidos. Los que somos padres solemos tener esta sensación. Experimentamos frustración, ya que los resultados no son siempre los que esperamos. Pero esto se debe a que no se ha producido la comunicación por hacer uso de términos complicados. Lo mejor, conversemos con quien conversemos, es elegir siempre términos fáciles que no tengan ningún mensaje oculto. Mencionar el nombre de nuestro interlocutor también es una buena opción. Cuando lo oímos, sentimos que nos están valorando. La actitud contraria a amar es ser indiferente, y no odiar, como muchos piensan.

- *Posibilidad.* En una comunicación nutritiva no existen los absolutismos del tipo "Tú nunca me escuchas", "Siempre me dices que no puedes" o "Jamás tienes tiempo para hacer un llamado". Estos denotan que no habrá posibilidad de cambio o mejora. Qué distinta es una conversación con alguien cuando decimos: "Hoy sentí que no me escuchaste, que no estabas atento".

Todos podemos ser motivadores de otras personas y creadores de atmósferas positivas. Pero, lamentablemente, muchos deciden usar palabras que provocan desánimo. Veamos algunas de ellas:

Demandas

Algunos no pueden hablar si no exigen algo, o le indican al otro lo que tiene que hacer. No son conscientes de que así construyen un muro imposible de franquear.

Sentencias

Se trata de frases que no admiten nada más, como nunca/siempre, nadie/todos, etc. Solo logran alejar a los demás.

> **Los puñales, cuando no están en la mano, pueden estar en las palabras.**
> **William Shakespeare**

Divisiones

Decir "ustedes" no implica lo mismo que decir "nosotros". Ciertas expresiones solo crean división y arruinan la relación, ya que no promueven el diálogo.

Etiquetas

Muchas personas tienen el hábito de etiquetar a los demás, sean estos conocidos o desconocidos. "Eres un inútil" o "No haces nada bien" son comentarios que mantienen lejos a la gente.

Acusaciones

Realizar una acusación firme no permite que se produzca el diálogo. "Tú hiciste tal cosa" es una afirmación que bloquea toda posibilidad de comunicación. Lo

> **No hay espejo que mejor refleje la imagen del hombre que sus palabras.**
> **Juan Luis Vives**

ideal es preguntar cuando no estamos seguros de algo.

La gente que transmite cosas con convicción siempre dibuja primero el futuro y luego lo traslada al presente para comenzar a resolver los problemas. En cambio, la gente que habla en negativo siempre empieza por el problema y luego habla del futuro. Si quieres enamorar a los demás con un lenguaje optimista, primero tienes que dibujar un mañana extraordinario para después volver al presente y comenzar a resolver los conflictos. Nuestras palabras pueden ser extraordinarias, si somos conscientes de lo que decimos y del poder que ello tiene sobre los demás.

Palabas que sanan, palabras nutritivas

Sigmund Freud decía que nadie resiste un elogio. Cuando alguien nos habla y sencillamente asentimos con la cabeza, afirmamos, la cual es una manera de construir validación.

Todos somos comunicadores y, cuando validamos, sanamos. Una forma de validar es empleando palabras nutritivas.

Las palabras nutritivas pueden curar y construir; mientras que las palabras negativas pueden lastimar y destruir. Hablar nunca es un acto inocente. De hecho, todos recordamos palabras agradables que nos sanaron y nos acompañaron, y palabras que nos hirieron. Las palabras dejan en uno mismo, y en el otro, una huella imposible de borrar. Al recordar momentos especiales de sus vidas, las personas suelen expresar "De pequeño mi papá me insultaba"; "Mi mamá me felicitaba cada vez que me sacaba una buena nota"; "En el colegio sufrí bullying". Como mencioné anteriormente, las palabras pueden sanarnos o lastimarnos y dejar una marca. La persona queda dolorida y dice: "A mí me dijeron 'inútil', y me dolió mucho". Actitudes como amenazas, trivialidades, humillaciones, negaciones y agresiones directas, como "No sirves", "No vales", "No te quiero" o "Eres una tonta", también causan daño.

> *Antes de empezar a hablar, procura que en tu rostro pueda leerse lo que vas a decir.*
> **Marco Aurelio**

Las burlas, la descalificación, la indiferencia y las palabras negativas siempre lastiman; mientras que las palabras expansivas animan y van desterrando aquellas ideas negativas que quedaron "adheridas" en el corazón. Las palabras duelen, ¡y cómo!, y dejan una huella. Estas pueden construir o limitar nuestra realidad.

Siempre es posible cambiar palabras negativas por aquellas que nos acarician el alma. El primer paso es reconocer el contenido de nuestra mente. Si en la infancia nos trataron duramente, si no nos tuvieron en cuenta, si no nos hablaron con amabilidad, no deberíamos procurar llenar ese vacío con algo externo. Empecemos a hablarnos bien y a motivarnos nosotros mismos a diario.

Sobre nuestras palabras construimos nuestras posibilidades o imposibilidades. Si uno se dice a sí mismo: "No accederé a ese puesto", es uno quien (con ese auto-diálogo) está limitando su capacidad de éxito. Las palabras hirientes que "nos" decimos, aun sin darnos cuenta, y "les" decimos a los demás salen con el objetivo de lastimar la estima. Pero, aunque nos hayamos criado en un entorno donde se hablaba negativamente, todos y cada uno de nosotros siempre tenemos la opción de cambiar. ¿Cómo?, tal vez preguntes. Siendo conscientes de lo que hablamos y comenzando a refutar nuestras propias palabras y a escoger pensamientos positivos. La elección de frases que hagamos puede contribuir a alcanzar este objetivo. Podemos repetirlas durante el día hasta que se transformen en lo que pensamos a menudo. Tarde o tempranos, nos hallaremos haciendo eso que aún no hemos hecho. ¡Y todo por la influencia de los dichos de nuestra boca!

> *Decir lo que sentimos; sentir lo que decimos; concordar las palabras con la vida.*
> Séneca

Te quiero… eres maravilloso… qué extraordinario… felicitaciones… por favor… gracias… ¡qué bueno lo que hiciste! Cuántas frases se han ido perdiendo de nuestro vocabulario. Lo cierto es que las palabras expresadas con amor poseen el poder de llegar al corazón del otro y, muchas veces, de transformarlo.

Las personas llevamos un cartel invisible colgado de nuestro cuello con la siguiente frase: "Hazme sentir que te importo". La forma ideal para motivar a los demás, en pos de su crecimiento y avance (no lo olvides si eres padre, líder, maestro o jefe), es acariciando con aquellas palabras que sanan el corazón.

Las palabras nutritivas tienen el poder de tocar corazones y producir cambios positivos.

Hoy, tal vez más que nunca, necesitamos recuperar el hábito de la ternura. Sobre todo, por medio de las palabras; también del abrazo, de la caricia, del mimo, de la alegría. Recuerdo una anécdota de Viktor Frankl que él mismo contaba acerca de los días en los que se encontraba en el campo de concentración de Auschwitz. Un día, un compañero le dio un trozo de pan y le dijo: "Esto es para usted". Viktor dijo algo extraordinario: "El pan alimentó mi cuerpo unos minutos; pero su mirada y sus palabras alimentaron mi alma hasta el día de hoy".

Cuida tu vida, cuida tus palabras.

CAPÍTULO 11
Validación nutritiva

Validar es afirmar al otro

Todos los seres humanos necesitamos ser validados. Las personas precisamos que nos validen desde la infancia, en especial, nuestros padres y otros miembros de la familia. El hecho de que quienes tienen autoridad sobre nosotros nos validen o no hará que dejen una huella permanente, positiva o negativa, en nuestra vida. Un niño necesita oír las siguientes palabras de sus cuidadores: "Te amo y estoy a tu disposición".

Por lo general, la codependencia en un adulto es el resultado de no haber sido validado a temprana edad. Esa persona desarrolla una "adicción" a ser aprobada y aceptada por los demás. Dicha forma tóxica de relacionarse la conduce a pensar que no podrá manejarse en la vida sin ayuda de otros. Esto sucede porque la mayoría de la gente no logra reconocer y soltar el potencial ilimitado con el que todos nacemos. Mucha gente camina por la vida carente de validación porque ha sido sistemáticamente descalificada en la niñez. Como resultado, desconocen su potencial interior para avanzar en la vida. De allí, la importancia de la validación.

No solo nuestros padres nos validan, pues todos somos comunicadores y, cuando validamos a otros, nos sanamos. Validar consiste en fortalecer, reafirmar, reconocer, respaldar a alguien. Es dar fuerza o firmeza a una cosa o una persona que goza de la confianza y el respaldo de un gobernador, soberano o jefe. Es ser aprobado. La validación, expresada en frases breves, hace que el otro se sienta bien. Quien valida expresa, de manera sucinta, su amor, su admiración, una felicitación específica.

Sin embargo, también en este punto, tenemos que revisar otro aspecto de la validación y es el hecho de validarnos a nosotros mismos. Muchas personas se observan a sí mismas y se sienten menos que aquellos que conforman su entorno; razón por la cual sufren de baja estima. El autoconcepto que cada uno tiene de sí mismo se lleva a todos lados y genera nuestra autoestima, es decir, cómo me siento con respecto a lo que pienso de mí. Lo que pienso de mí determina cómo me siento con respecto a mi propia persona. Entonces, ¿cómo resolvemos el tema de la baja estima? Cuando comprendemos lo siguiente: que todos los seres humanos tenemos aspectos positivos (capacidades, virtudes, áreas donde sobresalimos o actividades que hacemos óptimamente) y, además, debilidades (errores, vulnerabilidades). ¿Dónde está entonces el problema? Este se genera cuando veo solo lo que está bien y niego mis errores, pues, al hacerlo, me convierto en una persona narcisista (maximizo mis capacidades, niego mis errores y los proyecto en los demás; y siempre la culpa la tienen ellos). En el otro extremo, están las personas que solo ven sus errores y no ven sus capacidades; entonces expresan: "Yo no sirvo, no valgo, no puedo". ¿Qué significa tener un buen autoconcepto? Aceptar que todos tenemos aspectos positivos y negativos; que todos hacemos algunas cosas bien y otras, no tanto; que todos tenemos debilidades y fortalezas. Resolvemos la autoestima cuando aceptamos nuestra totalidad. Somos fuertes en ciertas áreas y débiles en otras. Cuando podemos identificar en qué somos débiles y en qué somos fuertes, logramos tener una buena estima. Solo las personas seguras reconocen sus debilidades y, al hacerlo, se vuelven fuertes. Entonces están listas para armar un plan y solucionar cualquier dificultad, quizás pidiendo ayuda y diciéndole a alguien: "No sé, ayúdame". Pueden elegir cuáles de sus vulnerabilidades trabajar para que terminen convirtiéndose en fortalezas.

> *Amarse a uno mismo es el comienzo de un romance de por vida.*
>
> **Oscar Wilde**

En una oportunidad, le formularon a Albert Einstein una pregunta de geografía y no supo responderla. El reportero le preguntó: "Maestro, ¿cómo usted no sabe la respuesta?", y él respondió: "Yo no conozco la respuesta,

> *Una vez que aceptemos nuestras limitaciones, iremos más allá de ellas.*
> Albert Einstein

pero conozco al que sí la sabe". Cuando reconocemos nuestras debilidades, nos estamos validando y nos hacemos fuertes. El ser humano no vale ni por lo que hace bien o mal; tampoco ni por lo que sabe ni por lo que tiene; todos valemos porque somos personas y porque nuestro "ser" tiene un valor único.

Como mencionamos, todos los seres humanos necesitamos ser validados. La validación es sanadora para la estima, tanto del que la recibe como del que la da.

Validar nutritivamente

Es muy importante validar a los demás porque quien lo hace marca una diferencia con quienes practican la comparación y la competencia con otros, actitud que siempre representa una amenaza. Aquel que valida está comunicando lo siguiente: "Mi estima es elevada y, por ello, puedo alegrarme de que a ti te vaya bien en la vida". Aquel que valida jamás siente envidia del éxito ajeno.

La validación, mencionar algo positivo del otro, siempre es una caricia al alma de ese ser humano.

Quien vive oponiéndose a los demás, en el fondo, busca que le digan algo agradable. Como no es capaz de reconocer su necesidad de ser validado, escoge el conflicto a la hora de relacionarse con la gente. La próxima vez que estés en contacto con alguien que reaccione de este modo, prueba decirle una frase que acaricie su estima. Tal vez el resultado te sorprenda...

¿De qué manera podemos validar a una persona? Veamos algunas de ellas:

a. Dando protagonismo

En este mundo globalizado y unificado, dejar que una persona sea protagonista, que hable de sí misma, que pueda contar cómo se siente, es altamente terapéutico. Hoy en día muchas personas tienen una inmensa necesidad de protagonismo, pues se sienten "perdidas" en la multitud de las redes sociales. Aun cuando no seamos conscientes, en estos espacios de encuentro virtual, a través de fotos, opiniones, mensajes, todos deseamos que alguien nos preste atención.

Es decir, deja que el otro hable de lo que quiera. Si le preguntas algo y dejas que se exprese sin interrumpirlo, dirá de ti: "¡Qué buena persona es!". Porque le entregaste el micrófono y lo hiciste sentir importante. Cuando mencionamos un rasgo positivo de alguien, luego podemos pedirle algo (por ejemplo, que llegue a horario) y lo va a aceptar. Porque primero lo validamos.

> *El amor es aceptar que el otro no es todo lo que soñamos.*
> **Magalí Tajes**

La "técnica del sándwich" resulta altamente efectiva con menores de edad, pues los ayuda a reconocer y reforzar su potencial. ¿De qué se trata? De dos rebanadas de validación y una rebanada de sugerencia. Con nuestros hijos, alumnos o empleados, primero practiquemos la validación; recién después hagámosles alguna sugerencia y volvamos a validarlos una vez más. Siempre es preferible que la sugerencia se haga en privado, pero la validación debe ser pública.

Nadie realiza cambios en su vida a partir de una crítica. Es justo lo opuesto: una persona es transformada cuando puede observar sus fortalezas. Elogiar a alguien es validarlo y tiene el poder de obrar milagros en su autoestima, en especial, cuando ocurre en la temprana infancia. Aquellos que han crecido oyendo únicamente palabras negativas sobre su persona, con el tiempo, pueden volverse verbalmente violentos con los demás.

> *Tienes tanto derecho a ser como eres, como yo tengo el derecho de ser tal como soy. Por favor, quiéreme tal y como soy.*
> **Bert Hellinger**

En cambio, aquellos que han sido validados recuerdan sus fortalezas y puede mejorar aún más. Por eso, primero siempre valida y, luego, si hay que corregir un error, hazlo con palabras nutritivas.

b. Mirando a los ojos

La intimidad emocional se construye cuando conectamos con el otro. Mirar a los ojos es una técnica muy efectiva para lograrlo. Muchos, debido a la tecnología que ha transformado la forma de comunicarnos, tienen la sensación de ser "invisibles". Una mirada puede traerles un gran alivio. Cuando tú miras a alguien a los ojos, como mencionamos en el capítulo de la mirada, la intimidad crece. Los matrimonios que dejan de mirarse a los ojos ven resentida su intimidad.

> *Cuando amas a alguien, lo amas como es, y no como quisieras que sea.*
>
> **León Tolstói**

c. Encontrando puntos en común

Cuando tenemos comunicación con una persona, siempre deberíamos tender un puente. Es decir, hallar lo que tenemos en común dejando de lado lo que nos separa. ¿A quién no le agrada alguien con gustos parecidos? ¡A todos! Esto es así porque somos seres mayormente emocionales, antes que racionales. ¿Tienes hijos adolescentes? Si conoces a alguien que también los tiene y se ponen a hablar de la familia, se van a apreciar mutuamente porque hay algo en común: la lucha titánica con los hijos adolescentes. Cuando hallamos lo que tenemos en común con el otro, construimos un puente que nos acerca a esa persona.

d. Sonriendo

Una simple sonrisa es otra forma práctica de validación. Muchos permanecen en determinados ambientes porque hubo alguien que les sonrió cuando llegaron allí un día.

e. Ofreciendo ayuda

Está comprobado que los vendedores que tratan amablemente a sus clientes tienen un número mayor de ventas. ¿A quién no le cae bien que le ofrezcan ayuda? ¡A todos! Ayudar es validar y puede abrirnos una puerta cerrada.

Por todas estas razones, te animo a validar a todos, en todo lugar, todo el tiempo. Si es posible, aun a quien no te cae bien. Es realmente difícil no congeniar con una persona que nos trata bien. Validar abre puertas. La validación es una acción nutritiva.

Decálogo de la gente nutritiva

1. *Es empática:*
   - Piensa en el otro
   - Considera al otro y se pone en sus zapatos

2. *Vive un apego seguro:*
   - Es autónoma
   - Es interdependiente

3. *Posee una actitud esperanzadora:*
   - Muestra optimismo inteligente
   - Está siempre bien predispuesta

4. *Expresa alegría en el encuentro:*
   - Sonríe
   - Demuestra lo que siente

5. *Yo-Tú:*
   - Considera al otro en su deseo
   - Se considera a sí misma en su deseo

6. *Es siempre la misma:*
- Tiene congruencia entre el pensar, sentir y hacer
- Es transparente

7. *Acepta al otro como es:*
- Tiene una mirada amorosa que expresa: "Eres importante para mí"

8. *Está presente:*
- Genera sintonía emocional

9. *Habla el lenguaje del otro:*
- Su comunicación es nutritiva
- Elige palabras que construyen

10. *Valida al otro:*
- Identifica las fortalezas de los demás
- Arma puentes emocionales

Bibliografía

Libros

Alandete, J. G. (2008). Tesis doctoral: Actitudes religiosas, valores y razonamiento moral. Departamento de Psicología Básica, Universidad de Valencia.

Azar de Sporn, Selma (2010). *Terapia sistémica de la resiliencia. Abriendo caminos del sufrimiento al bienestar*. Paidós.

Bach, Eva y Forés, Anna (2008). *La asertividad para gente extraordinaria*. Plataforma.

Beck, Judith (2007). *Terapia cognitiva para superación de retos*. Gedisa.

Bernstein, Albert (2003). *Vampiros emocionales*. Edaf.

Bowlby, John (1998). *El apego*. Paidós.

Bowlby, John (1986). *Vínculos afectivos: formación, desarrollo y pérdida*. Morata.

Bowlby, John (1972). *Cuidado maternal y amor*. Fondo de Cultura Económica.

Brenes Peña, Ester (2011). *Descortesía verbal y tertulia televisiva*. Peter Lang Publishers.

Buber, Martin (2002). *Yo y Tú*. Nueva Visión

Ceberio, Marcelo y Linares, Juan Luis (2005). *Ser y hacer en terapia sistémica*. Paidós.

Cyrulnik, Boris (2004). *El amor que nos cura*. Gedisa.

Di Bártolo, Inés y Seitún, Maritchu (2019). *Apego y crianza*. Random House, Grupo Editorial.

Ellis, Albert y Grad Powers, Marcia (2002). *El secreto para superar el abuso verbal*. Obelisco.

Fensterheim, Herbert y Baer, Jean (1976). *No diga sí cuando quiera decir no*. Grijalbo.

Glaser, Judith E. (2015). *Inteligencia conversacional*. Editorial Norma.

Holmes, Jeremy (2009). *Teoría del apego y psicoterapia. En busca de la base segura*. Ediciones Desclée De Brouwer.

Lecannelier, Felipe (2016). *A.M.A.R: Hacia un cuidado respetuoso de apego en la infancia*. Ediciones B Chile.

Lieberman, David J. (2002). *Haga las paces con todo el mundo*. Amat.

Lilley, Roy (2002). *Cómo tratar con gente difícil*. Gedisa.

López Blanco, Alicia (2004). *El cuerpo tiene la palabra*. Robin Book.

Moneta, M. Eugenia (2003). *El apego. Aspectos clínicos y psicobiológicos de la díada madre-hijo*. Editorial Cuatro Vientos.

Revista Chilena de Pediatría, 2014; 85 (3): 265-268.

Roberts, Wess (2003). *Tiranos, víctimas e indiferentes*. Ediciones Urano.

Roca, Elia (2003). *Cómo mejorar tus habilidades sociales*. ACDE Ediciones.

Sáinz Bermejo, Francesc (2017). *Winnicott y la perspectiva relacional en el psicoanálisis.* Herder.

Seitún, Maritchu (2011). *Criar hijos confiados, motivados y seguros. Hacia una paternidad responsable y feliz.* Grijalbo.

Stamateas, Alejandra (2020). *Yo no peleo, tú no peleas.* Vergara.

Stamateas, Bernardo (2014). *Más gente tóxica.* Vergara.

Tronick, Ed (2007). *The Neurobehavioral and Social-Emotional Development of Infants and Children.* W. W. Norton & Company.

Ury, William L. (1993). *Supere el No.* Editorial Norma.

Wallin, David J. (2012). *El apego en psicoterapia.* Ediciones Desclée De Brouwer.

Watzlawick, Paul (1993). *Teoría de la comunicación humana.* Herder.

Winnicot, Donald. W. (1998). *Los bebés y sus madres.* Paidós.

Winnicot, Donald. W. (1996). *Realidad y juego.* Gedisa.

Fuentes electrónicas

https://elartedevivirenplenitud.es/la-fabula-del-erizo/

https://www.doctutor.es/2012/12/07/aportaciones-de-m-balint-a-la-compresion-de-la-relacion-medico-paciente-y-a-la-formacion-en-esta-area/

http://web.uchile.cl/vignette/terapiaocupacional/
CDA/to_simple/0,1374,SCID=21203%26ISID=735%26
PRT=21201,00.html

https://es.slideshare.net/MariiCoromotoAvilaRuza/
teoria-de-roman-jakobson?next_slideshow=1

https://www.bbvaopenmind.com/ciencia/investi-
gacion/la-ciencia-desvela-los-secretos-de-los-guerreros-
de-terracota/

Vanguardia, El Universal. Aportado por Eduardo J.
Carletti. Entrevista a Daniel Goleman.

http://axxon.com.ar/not/169/c-1690081.htm

https://www.cuerpomente.com/salud-natural/
mente/beneficios-emocionales-caricias_4295

Bernardo Stamateas es doctor en Psicología y sexólogo clínico. Destacado escritor y conferencista a nivel nacional e internacional, sus libros hoy son leídos por todos los sectores de la sociedad. Está casado con Alejandra y tiene dos hijas.